U0146309

旅行邂逅文艺范儿
文艺咖啡馆

《旅游圣经》编辑部　著

北京出版集团公司
北京美术摄影出版社

图书在版编目（CIP）数据

旅行邂逅文艺范儿. 文艺咖啡馆 / 《旅游圣经》编
辑部著. — 北京 ：北京美术摄影出版社，2017.7
ISBN 978-7-80501-999-4

Ⅰ. ①旅… Ⅱ. ①旅… Ⅲ. ①旅游指南—中国②咖啡
馆—介绍—中国 Ⅳ. ①K928.9②F719.3

中国版本图书馆CIP数据核字(2017)第022803号

责任编辑：董维东
特约编辑：王　华
责任印制：彭军芳

旅行邂逅文艺范儿　文艺咖啡馆
LÜXING XIEHOU WENYI FANR　WENYI KAFEIGUAN
《旅游圣经》编辑部　著

出　版	北京出版集团公司
	北京美术摄影出版社
地　址	北京北三环中路6号
邮　编	100120
网　址	www.bph.com.cn
总发行	北京出版集团公司
发　行	京版北美（北京）文化艺术传媒有限公司
经　销	新华书店
印　刷	北京方嘉彩色印刷有限责任公司
版印次	2017年7月第1版第1次印刷
开　本	700毫米×1000毫米　1/16
印　张	17.25
字　数	193千字
书　号	ISBN 978-7-80501-999-4
定　价	69.00元

如有印装质量问题，由本社负责调换
质量监督电话　010-58572393

《旅游圣经》编辑部

胡海燕　中文系毕业，出生在西北，成长在南京，生活在广州，从事过媒体、广告行业。性情淡泊、闲散，追求随性自在，喜欢闲云野鹤一般的生活。著有《最美云南》《最美福建》等书。负责撰写本书的广州、深圳部分。

王睿颖　90后旅行作家，曾于拉萨、成都、德国等地旅居写作，用温暖的笔触记录了旅途中一座座城市对人的关怀。著有《老西安新西安》等书。负责撰写本书的南京、苏州、西安部分。

小　爱　80后天蝎女。资深背包客，热爱独自旅行；资深美食达人，擅长寻觅各地美食。爱文艺、爱小清新式生活方式，开过咖啡厅和瑜伽馆，闲来无事进行网络文学创作，收获粉丝若干。负责撰写本书的厦门、大理部分。

王　蘅　热爱行走的天秤座女子，喜欢路上的风景，更爱有故事的旅行。期待未曾走过的路、没有看过的风景，遇见不一样的自己和世界。著有《恋恋四川》《最美西藏》等书。负责撰写本书的成都部分。

仇潇潇　生长于粗犷的北方小城，却有着南方女孩的细腻情感。工作中，她是专注于excel表格、寻找数据漏洞的理性审计师；生活里，却是流连于书店、花店、咖啡馆的感性文艺女青年。负责撰写本书的北京部分。

章芝君　环球旅行背包客，杭州80后女设计师，热爱古琴、绘画、写作和摄影。著有《阳光下的清走》一书。负责撰写本书的杭州部分。

写在前面的话

海德格尔曾说过"诗意地栖居在大地上",海子向往"面朝大海,春暖花开"。这是很多文艺青年的生活理想。但在工业文明和信息技术飞速发展的今天,人们的生活日渐刻板化和碎片化,节奏越来越快,压力越来越大,环境越来越恶劣。也许,唯有生活的艺术化和诗意化能够抵御这一切,就像高晓松说的"生活不止眼前的苟且,还有诗和远方"。

那么,我们就出发吧,去寻找"诗和远方",寻找理想的文艺生活,寻找那些如珍珠般散落在大地上的文艺客栈、餐厅、咖啡馆、书店、小店和街区。

为此,《旅游圣经》编辑部派出六位颇具文艺气质的女性作者,分赴极具文艺范儿的北京、南京、苏州、杭州、成都、广州、深圳、厦门、大理、西安十座城市,实地探访文艺客栈、餐厅、咖啡馆、书店、小店和街区。她们在每座城市都选取最有代表性的地方进行了深入了解,每家客栈都试住过,每家餐厅和咖啡馆都品尝过,每家书店、小店和街区都细致考察过,最终,为读者奉献上了这套"旅行邂逅文艺范儿"。

在这套书中,文艺范儿无处不在。何谓文艺范儿,大概有以下几个特点:

设计性。有文艺,有气质,有腔调。无论中国风、北欧风还是复古风、工业风,都充满了设计感。

生活美学。仅有文艺是不够的,还要与生活结合,这才有了客栈、餐厅、书店、咖啡馆、小店、街区等。它们的主人不仅仅是老板,更多的是"生活家"、艺术家,将自己的生活美学融入店里,与客人分享。

独立性。不混同于大众,有鲜明的个性化风格。只有拥有独立的个性,才能有"范儿",这种风格其实就是主人的性格。你住进这些客栈,去这些咖啡馆喝杯咖啡,去这些书店选本书,也许能和主人聊聊天,发现另一种理想生活。

希望亲爱的读者能在这套书的陪伴下,在旅行中找到自己的诗意生活。

《旅游圣经》主编　桑　磊

目　录

北京

生活室（Living Room Coffee）

——进行时的好时光

"一张长桌""一张不太长的桌""我是新来的""不变的是好喝的自家烘焙咖啡""屋顶上的喵"，如果你在炭儿胡同看到写有上述词组的小黑板，恭喜你已经找到生活室（Living Room Coffee）。这里有美味的咖啡、醇厚的普洱、精致的点心，能不能遇到猫咪要看缘分，好时光却是每天都在。

咖啡馆特色

◎ 客厅里的咖啡馆
◎ 新加坡老板娘与她的白咖啡
◎ 云南老板与他的普洱茶
◎ 行踪无定相见靠缘分的屋顶白猫

客厅里的咖啡馆

炭儿胡同在前门一带众多胡同中并不为人所熟知，比起名声在外的杨梅竹斜街，这里要清净很多。寻得这家咖啡馆也是需要点儿毅力和实力的，说需毅力是因隐匿在众多民居之中总是会让人有种信息不实的疑惑感，意志不坚便很容易放弃；说需实力是因若想穿过一条条七折八拐的胡同，除了用导航，还需良好的方向感。于是，在看到生活室的木质招牌时，真有种"众里寻他千百度"的感动。

Living Room 中文译为"生活室"，除此之外还有"客厅"的意思，来到这家胡同里的咖啡馆，如同来到朋友的客厅，度过一段闲散舒适的时光也是店主对客人的美好祝福。

院子原本是个住了七八户人家的大杂院，院内的老宅已有70年屋龄，现如今拥挤杂

"生活室" 可能是前门一代最深居胡同的店铺，
穿过数条胡同，喧嚣的气息早已被远远见在身后

过道上的吊兰

1 | 2　　1. 这里不只是一间茶馆、咖啡屋，也是他们自己的客厅、生活室
　　　　2. 芳香柔和的白咖啡

乱的空间已被店主改造得十分宽敞舒适，"修旧如旧"地将房间的主体建筑完整保存，细致、深入的设计为老宅增添了别样的风情。

　　屋顶有个小小的天井，自然采光。天气好的时候，阳光透过院内大树的缝隙，在墙面投下斑驳的光影。太阳东升西落、风吹叶动，投落的光影随之变幻，仿佛房间充满了生命一般。屋顶的吊兰、桌上盛开的花朵、室内流动的音乐、飘香的咖啡，这里一切静谧，让人暖心又欢喜。

她和她的白咖啡

　　老板娘说话柔声细语，有点儿南方女生嗲嗲的韵味，问起来才知道，原来她来自新加坡，怪不得店里的招牌咖啡是白咖啡呢。

　　陈丹燕的《咖啡苦不苦》中对白咖啡有过这样一段描述："地不平，桌子总是晃，但雨水的气味很是好闻，还有咖啡。融汇在潮湿的南洋雷雨气味里的，是一股好像太妃糖般的软厚甜味。在那里我喝到一杯浓香却柔和的白咖啡，比起炭烧咖啡的暴烈，白咖啡的温厚却让人体会到亚洲人清淡又真纯如孩子般的口味。"

　　老板娘冲泡的白咖啡味道自然地道，只是陈丹燕老师已对白咖啡做了极其贴切的描述，让我也想不出更好的词句了。比起这里的咖啡，随处可见的创意书籍也是店铺的一大特色。房间的右侧有香蕉鱼书店的作品，色彩绚丽，制作精美，喜爱设计及出版艺术的朋友自是不能错过。在陈列柜上看到店内以两只白猫为原型创作的Risograph明信片，白猫在明信片上被涂上了色彩，绿底红猫、蓝底橘猫、黄底粉猫，每一种配色皆浓艳鲜明，视觉效果绝非数码印刷所能比拟。

1

2
3

1. 明亮的客厅，好客的主人，桌上有一对让他们俩面对面读书的台灯
2. 冬日的花园，一株干草让这里的萧瑟多了几分味道
3. 桌子上摆着一些店主朋友的独立出版物

他和他的普洱茶

　　店内除了咖啡、文创，还主打普洱茶，一款"普洱月光白"深受好评。月光白的名字自带诗情画意，加上对外界秘而不宣的采茶手法和工艺流程，更是增添了茶叶的神秘色彩。月光白又名"月光美人"，据说，制作月光白只能在月光下自然吹干，且采茶的均是年轻貌美的少女，此番传言自然为茶叶附加了无限的可想象度。

　　"普洱月光白口感飘逸灵秀，带有典雅的幽兰香，汤色如月光清澈透亮，饮后回甘无穷。"店内对此茶有如上介绍，要上一壶，老板亲自冲泡，果真如同描述一般，茶汤

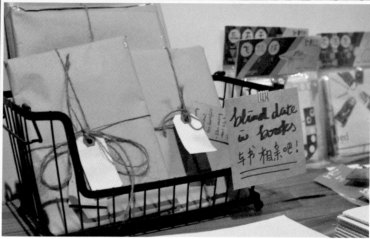

清亮，似深夜如水月光，味道香甜温润，余味不绝。

　　因曾经在云南游历半年，对普洱略知一二，心里有些好奇，故问起老板娘为什么在咖啡馆中经营着普洱茶。老板娘笑了笑，轻声回答说："因为我先生是普洱人。"顺着她的目光望去，一位男士坐在长桌台灯前看着一本杂志，戴着眼镜，笑起来很温暖。

　　老板是普洱人，其叔叔本身便有一座普洱茶园，故茶叶自然可以用心挑选，如同店内的咖啡豆皆是亲自烘焙一样，只因可以从源头达到质量控制，为客人提供安全舒心的饮食。

　　"她喜欢做咖啡，想开个咖啡馆，于是便有了这家店。"老板恩立曾这样说过，

1 | 2　　1. 院里的花丛间少不了两只白猫嬉戏的身影，不过冬天它们俩只能趴在屋顶晒太阳了
　　　　2. 有缘得见来去无踪的大白猫，一副猫叔的面容注视着店里

Living Room咖啡馆只是他的辅业，更是一种生活方式，若是说工作，其主业还是广告片、商业片、纪录片的制作。

屋顶上的猫

　　店铺屋顶经常有两只白猫来访，它们躺在透明色的玻璃窗上晒着太阳，惬意地眯着眼打着盹儿，逍遥自得好似过去大宅门里的老太爷。两只白猫并非店里的宠物，只是周围邻居家的猫咪或者是流浪在此的小野猫，所以并不是每时每刻皆可看到它们的身影，恰是如此，让喜爱两只猫咪的客人每次的来访都有了许多期待。

　　我去的那天，两位猫小主格外赏脸，恰好躺在玻璃屋顶上，抬头便可看见。白色的长毛已在嬉闹中弄成了浅灰色，安然惬意地缩在屋顶睡起小觉，不去理会周遭外物。

　　虽然不能保证每次都看到两位猫小主，但院子里的好时光却总是无时不在。Living的英文字母本身也有进行时的意思，当下时光便是最美的时光。

咖啡馆资讯
- 地　　址：北京市西城区炭儿胡同23号
- 电　　话：010-57223061
- 人均消费：50元
- 特色推荐：白咖啡、普洱月光白

说起北京的购物中心，很多人会想到西单的品牌云集和人潮汹涌，不论白天夜晚都热闹非凡。离西单不远的西四却是另外一番景象，街道边保留着古老的胡同，老槐树姿态粗壮，亭亭如盖，其间有一座简朴的基督教堂，叫作缸瓦市教堂。教堂边的一幢蓝白相间的三层小楼甚是显眼，这里便是"那间咖啡"。这里随处可见的地中海蓝，为人们的内心注入一股清新海风，让人倍感清爽。

那间咖啡
——缸瓦市旁的爱琴海风情

咖啡馆特色

◎ 缸瓦市旁的爱琴海风情
◎ 那间独创鸡尾酒与巷陌咖啡
◎ 每周末活动"那间分享会"

爱琴海的风缓缓吹来

沿着西四南大街一路前行，位于 57 号的缸瓦市教堂最是不容错过。不似北京城内天主教堂带有精致的雕花、高耸的楼塔，这座基督教堂简朴得似一个小礼堂，虽然装饰简朴，它却是北京市内现存的历史最久的基督教堂，红色的大门在冬日里让人心生暖意。步入院中，有鸽子在屋顶踱步，气派地走来走去，发出咕噜咕噜的声音，用圆溜溜的眼睛盯着来往的人群，一副傻傻却又骄傲的表情。恰逢圣诞节后一天，教堂内在举行礼拜活动，优美的赞美诗从室内飘出，悠扬、祥和。

缸瓦市教堂边上有一幢醒目的蓝白相间的三层小楼——那间咖啡，透明的玻璃窗内色彩缤纷，闪烁着光芒的吊灯、盛开的芬芳的鲜花、新装饰的圣诞礼物、彩色的小木马，最为耀眼的还是清澈的蓝色木窗与桌子，纯净的白色拱门、花色繁多的贝壳装饰品，仿佛海风扑面而来。谁说只有圣托里尼才有爱琴海风情，这里的清爽舒适一如爱琴海的水。

$\frac{2}{1\mid\frac{}{3}}$

1. 走廊另一头是吧台，顺着楼梯上去，还有开阔的二层空间和三层露台。不过因是冬天，暂时无法前去感受一番
2. 美式乡村风的前厅，最妙的地方在于屋内看似随意摆放的装饰物，却总是美得那么井井有条
3. 前厅里，地中海蓝混搭美式乡村风

他和她的故事

　　爱琴海的情调总会让人想到爱情，在那间咖啡，最不容错过的便是他和她的故事。在女主人的微博上曾发过一篇短文，分享了两位创始人的爱情以及咖啡馆创立的历程，让人看过后心里满满都是感动。

　　女主人是医学院的博士，男主人是醉心于旅行的媒体人，两人的相识缘自一间咖啡馆，同样热爱咖啡的他们在那里结缘，萌生爱意。十几岁的年龄差异曾经让女主人的家人颇有些顾虑，但女主人动之以情，晓之以理，很快便取得了家人的同意与祝福。经过八个月的恋爱两人步入婚姻，在很多人看来这有些闪婚的意味，但心灵的默契从来都不是靠时间来计量的，婚后的他们共同旅行，爱情依旧、亲情更浓。出于对咖啡的热爱，

$\dfrac{1}{2}$ 1. 我为你打开一扇窗，你准备敞开心房

2. 舒服地窝在沙发里，期待一场美食之旅

更是出于与更多人分享咖啡与旅行的美好愿望，他们创立了巷陌咖啡。因为喜爱，所以倍加用心经营，自然吸引了无数客人。那间咖啡是巷陌咖啡的分店，有别于巷陌咖啡的拐角咖啡的模样，那间咖啡主题更为鲜明，色彩更为突出，在京城里也更被客人熟知和喜爱。

美食与旅行

那间咖啡有丰富的饮品，人气最高的还是店内的招牌咖啡——巷陌咖啡，因咖啡内加了些许酒精，味道便有了更多的层次感，显得新鲜而刺激。这里不仅有精致的咖啡，还有特殊的鸡尾酒，名字很是与众不同，一个名为"毒药"，一个名为"解药"。果汁的香甜混合薄荷清凉，加上酒精的微微刺激，各种元素在口腔里精妙碰撞，给人清新难忘的味觉体验，它还有个诗意十足的名字"蝶恋"，听着便觉得心旷神怡。

夏天，三楼的露台人气最旺，月明星稀下，品着咖啡或者鸡尾酒，一人小酌也好，两三好友相聚也罢，自是惬意十足。

店内最受客人喜爱的除了各色美食与饮品，让人最为印象深刻的还是每周末的主题活动"那间分享会"，内容大多与旅行有关。日本九州的居酒屋文化，几个"钉子户"的真实版泰囧之旅，土耳其外交官的新书分享会《下一站，土耳其》。看看，世界这么大，如果不能亲身体会，听听别人的故事也是好的。不过那间分享会的终极目的自然不是来听故事，别人的风景虽然美好，但也只能停留在你无限的想象中，何不趁着还有远行的梦想，用自己的双脚去丈量土地、用双眼去感受美景？

世界这么大，我们去看看吧！

咖啡馆资讯

- 地　　址：北京市西城区西四南大街59号（缸瓦市教堂旁）
- 电　　话：010-66166607
- 人均消费：50元
- 特色推荐：巷陌咖啡、地中海沙拉、提拉米苏咖啡

对照记
——此情可待成追忆

《对照记》是张爱玲的最后一本散文集，里面有她珍藏的老照片，黑白色调，每一张里都有故事。"对照记"咖啡馆取名自张爱玲的《对照记》，装修、装饰都带着浓郁的民国风情。优雅的法式庭院，更有胶片摄影工作室，在享受生活的同时定格美好时光。

> **咖啡馆特色**
>
> ◎ 充满民国风情
> ◎ 精致的咖啡甜品与健康轻食
> ◎ 古董手作与展览市集
> ◎ 胶片摄影工作室

胡同里的法式庭院

最早知道对照记是某天跟好友悠悠聊天，我在微信上问她："来北京最想去的地方是哪里？"她回我："对照记。"我取笑她："你不去爬长城看故宫，为什么想去这里？"她发我一个兔子暴怒的表情，说："一家有情调的咖啡馆，候机时随手翻看的杂志上有它的照片，一下子就喜欢上了，这叫缘分，懂不懂？！"哦，我明白了，原来咖啡馆与人一样，有时也会一见钟情。

随后，悠悠给我发来杂志上对照记的照片，光线均匀地洒在院子里，植物上的水滴折射出透明的光亮，木桌上有鲜花，开得绚烂多姿，草儿闹花儿笑，一幅法式田园风光。

初次探访这家咖啡馆已是深冬时节，晚风中带着寒凉。胡同里的黄昏很容易会被暖

對照記
Vaidurya

順着嵌入地面的店标望去，屋内的灯火一如冬日暖阳

1 | 2
  | 3

1. 即便是在寒冷的冬日，这里也少不了盛开的花
2. 店内一条喜爱坐在炉火旁的微胖的拉布拉多
3. 新买的花枝等待打理

心的灯光吸引，而对照记不是，一个个圆滑的白色石子嵌在院落门口的地阶上，摆出汉字"对照记"，不注意还以为是灯光投落的光影。

步入院子，一切都是似曾相识的模样，一切却又不尽相同。因是冬天的缘故，院里的植物早已落光了叶子，光秃秃的，没了生机。挂在树枝上的风铃被风吹过时，丁零作响，增添了院子的灵气。有秋千随风摇曳，孤零零的，有点落魄，若是夏日，应是另一番热闹景象。天色渐晚，院子里的落地灯微黄，一片宁静祥和。玻璃窗内灯火通明，却是别样风情。

四合院里的民国风情

说起对照记，最先想到的依旧是张爱玲。她几乎成为民国女子中的经典形象，虽容貌没有国色天香般的惊艳，但眉眼里却有故事。对照记里有一张让很多人都印象深刻的照片，她身着印花旗袍，微微扬头，表情有些孤傲，一如她文字中某种冷漠，仿佛谁都无法走进她的内心。这张照片不仅在《对照记》中出现，也经常刊印在张爱玲其他的文章配图里。而我极其喜欢她的另一张照片，衣服是碎花日式浴袍，低头浅笑，有些矜持，却满是风情，看到的人会一下子感到温暖了很多。

这家咖啡馆取名自张爱玲的散文集，自然是要有她的影子，至少是要有她那个时代的影子。花影里的灯光有些模糊，仿若那说不清楚的情愫。店内有白色木头玻璃窗的柜

冬日里无人问津的露天位，墙边的枯枝将在春天迸发出更为盎然的生机

子，里面摆放的皆是古董器物，有1910年德国生产的手绘小托盘，有20世纪30年代奥地利的淑女丝绒钩花包，也有20世纪20年代俄罗斯的银胎掐丝填珐琅釉的调味容器。从时间上来看，陈列品集中于20世纪初至20世纪50年代，那淑女丝绒钩花包或许来自老北京深宅里的某位年轻小姐，也许那精致的调味品和小托盘共同经历过百年前一场华丽的晚宴，我们无从得知它们的故事，只做静静欣赏。

情调这种东西不仅体现在店内的装饰上，更是深入小店的氛围中。店里经常会主办主题party，有个主题名为"京华烟云"，复古旗袍，儒雅长衫，昆曲低吟，置身其间的人们，仿佛一言一行都矜持了很多。也有古朴手工书的课程，俊秀的楷书、印花的封面、盘扣做成的扉页，复古的设计，细节里尽显唯美精致。

店主赵小姐也是极其风雅之人，冬至时节里洗盏更酌，绘九九消寒图；端午暖阳中，请来老师教授玫瑰香丸、多宝串。有这样的女主人，咖啡馆自然也是充满了情调。

热闹市集与胶片摄影工作室

小店的市集俨然已是经典活动，每场都会吸引无数客人，很是热闹。最近一期的主

1 | 2　　1. 展柜里售卖的欧美各国古董、精致的瓷器带着20世纪的优雅
　　　　2. 创意市集留下的寄售品皆为原创，独一无二

题叫"时光集"。因靠近农历春节，该期展列的物品也颇显喜庆。最为特殊的是邀请了非物质文化遗产传承人年画艺人张阔先生。威武的兔儿爷、手拿蟠桃的猴子栩栩如生，加上对比鲜明的色彩，有着浓浓的节日氛围。石玩绘画、原创手工、好吃的果酱饼干都很受欢迎。要说最符合店铺特色，也是历次市集必不可少的便是古着首饰，来自各个小型工作室，皆为个人收集，几乎件件皆为孤品，带有时代特有的风格。这些复古小物品除了静待有缘人，也在镌刻着那些流逝了的时光。

　　对照记还有一家胶片摄影工作室。好多人对于胶片摄影的记忆应是停留在小时候，那时还没有数码相机，家庭胶片相机也不太寻常，拍照显得特别珍贵。洗出照片后也会放在相册中精心保存，有新朋老友来家做客，翻看旧照片也是一项表示亲近的活动。后来数码相机流行，摄影变成很平常的一件事情，服装、造型、表情，拍照中觉得不满意大可重新拍过，摄影本身也便失去了曾经的仪式感。对照记的胶片摄影工作室有一架古董级的大画幅木质相机，布景、拍照、洗片，店主亲力亲为，除了内心的复古情怀，也是想通过这样老旧的拍照方式，让来此的客人重新拾起对时光的珍视。数码照片可随时拍，时光却是不可倒流。只愿这张充满质感的照片一如《对照记》中张爱玲收藏的老照片一样，成为人生中丢不掉的记忆。

咖啡馆资讯

- 地　　址：北京市东城区交道口北二条8号
- 电　　话：010-64069929
- 人均消费：70元
- 特色推荐：下午茶

野樱桃

——这里有场繁花似锦的梦

"一如老友记的咖啡厅或者莫妮卡的家，一如同福客栈，一如所有浪漫邂逅开始的地方，这里是朋友间总惦记着去聚会的共同家园。野樱桃（Wild Cherry）是花店，也是惬意的咖啡馆，还是京城里一处花香四溢的温暖去处。"某知名网站对于野樱桃的描述十分贴切，如果你爱花、爱咖啡、爱聚会、爱浪漫，那么千万不要错过。

咖啡馆特色

◎ 可以让爱花闺密感动到哭的花店

◎ 花香四溢的露台与时令鲜花饮品

◎ 插花、聚会、办沙龙的好地方

似春花般绽放

春风和煦，阳光似乎也温柔了很多，漫步在北京胡同里，丝丝杨花、柳絮飘荡在空中，诗意十足。"卷絮风头寒欲尽。坠粉飘香，日日红成阵。"此景此诗，令人尚且有些遗憾，如果再晚一些，在浓浓春日若是有香花做伴，这样的日子便是神仙也羡慕了吧。

南锣鼓巷旁的安定门内有一条窄窄的小巷，走进几步便会发现一家质朴的小店，灰色的砖墙并不十分显眼，绿色的窗棂却早已流露出一份与众不同的情致，透明玻璃窗后微黄的灯光下花影缤纷，被施了魔法的仙境，总会让人忍不住靠近。轻轻推门而入，木质的吧台像极了森林里的木桩，空气中弥漫着清新的花草香，绚烂的色彩似油画般涌入眼帘，顿时让你诗意的情怀找到了暂时的归处。

没错，这里就是野樱桃。店名亲切而自然，一如樱桃本人，似成长在绿野仙踪里的

身居花草间的时间总是漫长、惬意，驾着死飞的追风少年、少女懂得慢品生活的真谛

那年深秋它路过这里，便放弃南飞的念头，筑居在这四季花语的梦境里

女孩。樱桃抱歉地说，真不好意思，这里稍微有些乱，在准备一个party。早就知道，樱桃家的露台是个绝美的地方，据说之前天气晴朗的夜晚可以遥望钟鼓楼，而一场场小型精致的花境般的婚礼就在这里见证着一对又一对的爱情。

用花表达真情，就在动心念起的一刻

"用花表达真情，就在动心念起的一刻""告诉我你的故事，私人定制属于你的花"，樱桃家的与众不同便是如此了。拒绝千篇一律的花束，相信每一朵花都会说话，所以这里不仅仅是花店、咖啡馆，更是情感的归宿。在创作前樱桃都会与客人聊一聊，听听背后的故事与心情。樱桃会不定期在微信上分享花艺照片和故事，看过的朋友都觉得它好似一本插画诗集，其中的故事跌宕起伏也好，平淡无奇也罢，都有着行云流水般的自然和清新淡雅的文风，其中蕴含的情意似汩汩清泉流淌心间。

花盆里花团锦簇，主角有时是艳红如火的玫瑰，有时是明亮活泼的向日葵，有时是温婉可人的蔷薇，有时是诗意十足的鸢尾，每一种组合都惊艳不已，让人忍不住想

1
2
3

1. 花朵随处可见，就像步入一个大花园

2. 喜爱鲜花的原因在于最简单的一束花也能让屋内有春的气息

3. 皮靴里的花草似乎忘却了四季，跳出大地肆意生长，向世人宣告着它的盎然生机

屋顶上布置的气球静待晚上欢乐的party，伴着花草的绚烂、芬芳，朋友们会在此欢笑畅言

把全世界最美好的词语都拿来形容它们，却突然发现这所有的词汇都黯然失色了一般，如同一位精心准备好表白的情郎，面对挚爱的情人，却觉得所有的说辞都不及爱得深沉与浓烈。或许此刻，且不管过往风云，这萦绕在身边的芬芳，已是最长情的告白。

　　樱桃店里会不定期地举行花艺课程、主题party、读书沙龙，当然也为客人准备了各式饮品和洋酒。在这样春日的午后，如果你恰巧路过这里，不妨前去一坐，点上一杯鲜花饮品，轻轻抿上一口，只管静静地做一场繁花似锦的梦。

1	2
3	4

1. 干花也能给人以永恒的美感，欲与绚烂的永生花一争高下
2. 薄荷的清凉、柠檬的清爽，一杯夏日冰饮带来的惊喜都不及一朵冰中绽放的樱花
3. 天台上花丛中的小鹿
4. 诗意地栖居在花坛边的干草小鹿

咖啡馆资讯

■ 地　　址：北京市东城区地安门内大街安乐堂胡同18号
■ 电　　话：010-87605959
■ 人均消费：50元
■ 特色推荐：花艺、花饮、主题party

小时光多肉植物主题咖啡馆

——珍爱你的小时光

这里是北锣鼓巷里一家深受客人喜爱的店铺，名叫小时光。白色的二层小楼，拐角处已爬满了爬山虎，透明的玻璃窗外摆着刷成彩虹色的木质小桌和两把木椅，走累了的游客可以暂时坐下歇歇脚。一辆银白色自行车停在桌边，草编的车筐森气十足。多肉与萌宠，美食与美照，这里的时光美好得不得了。

咖啡馆特色

◎ 多肉植物的天堂，小清新气息十足
◎ 小鹿和Gaga是一对萌犬小兄弟
◎ 许多明星都曾光顾拍照
◎ 有一位具有文艺气质的女老板

小鹿先生

　　小时光咖啡馆位于北锣鼓巷中段，原木的装饰与环绕的绿植，让路人忍不住会多看几眼。正当我看着店外装饰出神时，突然，玻璃窗内的长条桌上露出一只毛茸茸的脑袋，乖巧的眼睛望着窗外甚是可爱，猜得没错的话，这就是深受大家喜爱的店里的门面担当——小鹿先生。千万不要惊讶，它可不是真正的小鹿，而是一只日本柴犬。它看到我便下颚上扬又微微点了下头，就像是在跟我打招呼一样。午后的阳光有些晃眼，只见它眯了一下眼睛又团成一团，缩在桌上了。我对这种温柔的小动物总是无法设防，既然已经招呼过我了，那自然是要进去坐一坐的。

　　刚一进门，就被跳过来的小柯基（店里的另一只小狗）吓了一跳，圆溜溜的眼睛滴溜溜地仰望着我，我的心瞬间便被萌化了。原先只知道店里有鹿先生，不知何时又多了

拐角处已爬满了爬山虎，玻璃窗外摆着刷成彩虹色的木质
小桌和两把木椅，走累了的游客可以在此小坐歇歇脚

1 | 2 | 3　1. 可爱至极的小小多肉似童真的小精灵，成百上千地排列在花架上、秋千里、木桌上
2. 垂着枝蔓的藤萝挂在天花板上，风吹过，绿影摇曳
3. 是猫咪还是多肉，意趣盎然

这只小萌物。比起柯基Gaga的活泼，鹿先生真是温柔乖巧得讨人怜爱了。店里的服务生是两个温柔的女孩子，她们热情地打着招呼，解释说店里好多客人是冲着这两只萌宠过来的。听说鹿先生前一段时间拥有了一个小费箱子，客人们纷纷慷慨捐赠，至今已筹得不少。可别以为这些银子是为了给小鹿买大骨头，小鹿先生可是热心公益的"社会大好青年"。据说，小店每月都会把筹集来的钱捐赠给领养小铺，去帮助更多需要帮助的小动物。

多肉的午后时光

作为一家以多肉为主题的咖啡馆，主角自然是多肉植物，但一楼的焦点全部被小鹿先生抢了去，让我差点就忘记了这个主角。服务生贴心地提醒我，楼上的露台有很多多

肉，上去看看吧。

　　白色的楼梯上已摆满了绿植，拐角的地方还有风干了的满天星，还没上楼便感觉到浓浓的森林气息。拾级而上，连脚步也不自觉地放轻了许多，生怕惊扰了满架的花草。走进露台，便仿佛进入了多肉的王国，似浓郁的森林，又似碧绿的农田，阳光倾泻而下，泛着水雾的叶片波光闪闪，似童真的小精灵。它们挨挨挤挤排列在花架上，在秋千里，在木桌上。

　　红色的格子桌布，不知散落着多少客人的故事；舒适的沙发上，各种抱枕也柔软温暖；桌上有猫咪造型的花台；还有陶瓷摆件，是穿着白色婚纱的新娘正在吻着西装革履的新郎；有垂着枝蔓的藤萝挂在天花板上，风吹过，绿影摇曳。这里的一切都浪漫清新得恰到好处。

　　有清丽的少女穿着飘逸的白裙拍照，原来，这里早已成为小清新风格摄影爱好者必

多肉与萌宠，美食与美照，这里的时光美好得不得了

选的场景之一，也有许多明星在这里取景。难怪店里的饮品单首页便是拍摄协议，而来这里进行各类艺术创作和商业摄影的也大有人在。

　　楼梯边的一面大大的木质篱笆被当作背景墙，上面挂满了各种照片或明信片，照片大多是在店里取景，多肉和小鹿先生成了最佳配角。

文艺气质的女老板

　　老板微微曾经是媒体人，多年的传媒经验被她很好地运用在店铺营运中。30岁出头的她，已成功经营了七家风格迥异的文艺小店，事业可谓风生水起。之前我曾经看过一篇关于她的文章，叫《不靠男人，她找到了过上梦想生活的捷径》。据说，她有一张梦想清单，30～35岁的梦想是开咖啡馆、书店、甜品店、杂货铺、植物馆，现在已提前完成。照片中的她有着男孩子般的帅气，戴着黑框眼镜，短发漂染成淡淡的黄色。想来，她定是一个内心十分强大的姑娘，清晰地知道自己的梦想，并且一步一步去实现。她的追梦过程充满的艰辛和努力我们不得而知，但成果已证明了一切。梦想哪里有捷径？只

1	1. 可爱的抱枕排排坐
2	2. 左边的哈士奇抱枕让店内画风陡然一变

是比别人付出更多的努力与坚持罢了。

小时光的微博上有这么一段话，令我感动至今：快乐是一种单纯的感知，就好像呼吸清新的空气、慵懒睡觉的猫咪、悄悄绽放的花朵、唇齿留香的糯米，从不刻意，却让我们舒适安逸。

每一个心怀梦想的人都似一株小小的向日葵，在向梦想的太阳追逐前行的同时，更别忘珍爱生活，享受每一分、每一秒值得留恋的小时光。

咖啡馆资讯
- 地　　址：北京市东城区北锣鼓巷60号
- 电　　话：18612964108
- 人均消费：62元
- 特色推荐：多肉植物、特制花草茶、小时光特饮

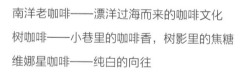

南京

南洋老咖啡——漂洋过海而来的咖啡文化

树咖啡——小巷里的咖啡香，树影里的焦糖

维娜星咖啡——纯白的向往

南洋老咖啡

——漂洋过海而来的咖啡文化

2011年冬，在新加坡留学多年的年轻人把南洋老咖啡KOPIMELLO这个品牌带到了南京，从而让南京人见识到了它的独特魅力。这种独特的咖啡文化，与小清新文艺范儿的咖啡馆情调，让人们嗅到另一番咖啡香。

咖啡馆特色

◎ 新加坡咖啡的独特文化

◎ 小清新的空间格调

时间是咖啡的催化剂

南京珠江路成贤街的南洋老咖啡，店门并不很大，有着红色的logo与红色的砖墙，看起来很整齐也很有腔调。虽然时下韩流咖啡店正火热，但南洋老咖啡这种独树一帜的小众情怀却也令人倾心。咖啡店没有过于复杂的装饰，吧台墙上贴着店长们因咖啡得到的勋章。店内的木质桌椅呈暗红色调，格外的沉稳内敛，毫不浮夸。

南洋老咖啡主打新加坡咖啡，新加坡是没有冬天的国度，在漫漫长夏经常无法储存咖啡豆。原本咖啡豆从远洋而来，经历颠簸，已经在品质上有了不同程度的破坏，但是，热爱咖啡的南洋人，终于还是发现了世界上独一无二的咖啡工艺。南洋老咖啡一直致力还原正宗的新加坡咖啡，为咖啡豆抹上牛油与糖来烘焙。经过了牛油与糖分的渗透，新加坡咖啡拥有了非常奇妙的口感，纵然工艺复杂，成本高昂，冲泡方式也更为严苛，但为了每一颗咖啡豆的精致滋味，这些都是值得的。

通过对咖啡豆烘焙技术的探索，对冲泡法的不断改良，南洋老咖啡终于能以丰富和

南洋老咖啡，满当当的货架

完整的口感呈现在世人面前。南京年轻人创立的南洋老咖啡，就是致力把古老的南洋味道也带给更多国人。

严肃做出好咖啡

在南洋老咖啡里，从挑选咖啡豆，到烘焙，到冲泡，每一个步骤都是在和时间赛跑，不能有半点迟疑，欠一秒，过一秒，都会使咖啡失去原本的魅力。所以，做咖啡，一定是一件严肃的事，咖啡师冲调咖啡时目光专注，态度认真。喝咖啡的人对咖啡的心态是轻松与惬意的，冲调咖啡的人对待咖啡更多的则是责任与敬重。

每一颗咖啡豆，经历风雨生长，千挑万选，漂洋过海化作粉末入到杯中，应该在咖啡师的手上绽放最美妙的滋味，让品啜它的人唇齿留香。我很钦佩南洋老咖啡能够坚守做咖啡的初心，这些年轻人用自己的巧思和巧手为咖啡完成了生命最后的升华。

售卖咖啡，既是在糅合人与咖啡的关系，也是在经营人与人的关系。

走进南洋老咖啡，享受咖啡香气扑鼻而来的感觉，把午后或者清晨还给手中的咖

1. 来杯老咖啡，在不刻意的陈列台收获不经意的温柔
2. 马灯与茶杯是绝配

1 | 2　　1. 南京城优质咖啡，这是荣誉，挂在墙上
　　　　2. 老咖啡的过去、现在与将来

啡。领悟严肃咖啡的魅力，细细品啜杯中的百年岁月，体悟手工咖啡独有的醇香，可以化开岁月里每一段凝固的旧时光。

咖啡馆资讯　■ 地　　址：南京市鼓楼区中山路248号（地铁大厦北侧）
　　　　　　　■ 电　　话：025-85611363
　　　　　　　■ 人均消费：35元
　　　　　　　■ 特色推荐：咖啡丝、咖椰牛油吐司

树咖啡

——小巷里的咖啡香，树影里的焦糖

树咖啡是一家坐落于南京夫子庙老门东街巷里的咖啡馆，古老的建筑、幽长的小巷，复古情调里弥漫着咖啡的香气。它拥有碎花沙发与古典桌灯，也拥有慵懒的蓝调音乐与苏州天井。在这里品一杯拿铁，可以体会慢生活的态度。

咖啡馆特色

◎ 老门东街巷的老情怀咖啡

◎ 有风格的单品手冲

一杯咖啡里的树

树咖啡的老板对树情有独钟。咖啡馆不远处的那个街角，有家花园酒店和两棵枇杷树，这两个与树有关的去处，都来自同一个老板。

树咖啡的logo很有意思——咖啡杯里长出一棵小树来，虽然不大明白其中的寓意，但仍然觉得很有意趣。老门东里的建筑都是明清时期金陵砖木楼的民居样式，树咖啡也有一座古色古香的中式院落。咖啡馆里的桌椅沙发、台灯书架都是老家具的样子，坐在其中能清晰感觉到时光的沉淀，有着说不出的安心。老板亲自从异国淘回了各种老样式的小物件。书架里有随时可以取阅的书籍，书不少，书架也高大，随处摆着古董级的小玩意儿，木雕门窗外有明亮的阳光。坐在这里时光就会变得缓慢，并且内心由衷地希望时光可以更慢。

酒香不怕巷子远，咖啡也是如此，树咖啡就是可以用嗅觉找到的咖啡店。老板对咖啡品质要求很高，使用专业的烘焙机，选购单一产区的精品咖啡豆，亚洲曼特宁、哥伦

計	36
	32
	28
	28
	28
	38

Hand Drip 單品手沖

夏威夷科娜	
巴拿马圣巴巴拉 COE	88
哥伦比亚惠兰	68
巴西低因咖啡	48
肯尼亚 AA 有机	48
曼特宁 G1 有机	42
耶加雪菲 科契尔	42
哥斯达黎加塔拉珠	39
	39

茶饮 Tea

菊花茶	58
花果茶	58
铁观音	68
普洱茶	68
德国柠檬茶	78

（一壶一位，加一位 15元）

Italian Coffee 意式咖啡 ▶特色

Espresso	23	迷魂拿铁
Macchiato 玛琪雅朵	26/30	龙舌兰拿铁
Americano 美式	28	艾尔奥罗拿铁
Cappuccino 卡布奇诺	28/32	印度茶风味拿铁
Latte 拿铁	35	墨吗拿铁 39
Mocha 摩卡	38	
风味拿铁	37/40	(香草,榛果,焦糖,太妃,蜂蜜)

耶斯达黎加 塔拉珠 98/川	曼特宁G1 98/川g	肯尼亚AA 9g/227g	巴西低因咖啡 GRANA庄园 10g/227g	夏威夷.科娜 366元/227g	巴西COE 圣巴拉 168/川g

1. 一目了然的价目表，字也是娟秀美丽
2. 各种咖啡豆

布置得有点复古，又有点温柔

咖啡馆里的浪漫高脚杯

比亚慧兰、独有的南非红茶拿铁。正是这些精益求精的选择，让深巷中的树咖啡成为诱人的芳香之源。

像树一样生长和繁盛

彩虹芝士蛋糕，是树咖啡颜值最高的人气单品。浅粉淡蓝、青绿鹅黄，萌到令人心旷神怡的颜色，搭配上乳酪柔滑细腻的轻甜口感，纵使是不爱甜品的人，也会对彩虹芝士跃跃欲试。

龙舌兰拿铁，拿铁中牛乳和咖啡加入龙舌兰糖浆，不一样的别致口感，熟悉的拿铁里多了一点浓醇酒香，搭配上树咖啡独家出品的老板娘手工蔓越莓饼干，酥脆香甜的口感，正合心意。

撒着玫瑰花瓣的玫瑰拿铁，有浓浓的玫瑰花芳香、纯白牛奶泡、精致拉花、艳红的玫瑰花瓣，口感丝滑浓醇，是彰显小清新文艺范儿的必备单品。在树咖啡，点上这样一杯色、香、味都很讨人喜欢的拿铁，细细品饮，是件很幸福的事。

在这样一个夏天，路过树咖啡，会是不期而遇的清凉。

喝到一杯好咖啡，就要依靠这些精致的烘焙机

咖啡馆资讯

- 地　　址：南京市秦淮区中营58号58-1（夫子庙老门东历史街区内）
- 电　　话：025-58776618
- 人均消费：40元
- 特色推荐：彩虹芝士蛋糕、龙舌兰拿铁、玫瑰拿铁

维娜星咖啡
——纯白的向往

在南京最文艺的上海路，有许多文艺气质的咖啡馆，唯有纯白色的维娜星最为高贵冷艳。白色的是维娜星咖啡的基调，这样的名字像北欧的女神，而这儿的气质也绝非世俗得以沾染，纯白高雅，简约大方。在维娜星咖啡，借一段纯白时光，嗅一杯咖啡暖香，像是在白雪的城堡里细数指尖流过的年华。

咖啡馆特色

◎ 来自北欧的纯粹简约风格
◎ 有气质的咖啡轻食文化空间

轻奢咖啡时间

上海路是一个能够极好地凸显南京文艺风的街区，街里遍布着形形色色的咖啡厅，维娜星静立在那里，不染一丝嘈杂与斑斓，只留一抹纯与白。

生活中的跌宕起伏、千回百转最终还是要归于平淡，我在看过了太多Loft风、杂货风、复古风的咖啡馆之后，开始钟情于最简单的那一个。

城市里的咖啡馆多有相似，杂货柜连通着摆放些旧杂志与老书的书架，放上几首爵士乐，角落里再蜷缩一只玳瑁色的猫咪。光线昏暗，似乎很文艺了，却像失了咖啡馆的初心，少了文艺的灵魂，文艺咖啡馆没有定义，自然也不需要千篇一律。如今也还是有人愿意坚持走自己的路，我遇见许多有血有肉、有灵气有内容的咖啡馆，都是因为有小众的坚持。

就像维娜星，看起来像水一样透明，入口甘甜清润。

维娜星是北欧的冷调风格，白色的百叶窗后面，阳光洒下来也会失去温度，但这冷

纯白的维娜星咖啡

感的日光，却意外地好看，因为被白色占据大面积，所以令人感觉干净清爽，空间的布局也恰到好处，一个转头、一个回望都有不同风景。窗边视野开阔，可以尽情发呆。隔间里有精致的半封闭小卡座，适合一个人阅读，独享属于自己的时光。

没有寻常咖啡店的昏暗，维娜星窗明几净，本该是暖黄色的午后三点，在这里却变成了雅致的银灰。走过不少咖啡店，却更喜欢维娜星的文艺商务格调，干净的空间里纤尘不染，在上海路闹中取静。

轻食甜品滋味

维娜星的店长对食材的选取和使用有着异乎寻常的讲究，也许正因为此在维娜星享受一段咖啡与轻食的下午，是件非常惬意的事情。

漂浮咖啡，让咖啡豆的醇度在嘴里发酵，获得一种特别的、可圈可点的口感。

榛果卡布奇诺，奶泡打发得细腻幼滑，拉花也精致漂亮，淡淡的榛果香在舌尖弥漫。

马卡龙还是一如既往的甜蜜，格子松饼里的麦香和奶香恰如其分，一口咬下去，唇齿留香，柔软得刚刚好。

熔岩蛋糕，是维娜星的人气单品，巧克力被包裹在蛋糕里，当小勺子划过海绵蛋糕的肌理，炽热的巧克力浓浆就像熔岩一样缓缓流出。维娜星为熔岩蛋糕配上一小块香草

虽是角落，也未曾被遗忘

1 | 2 | 3

1. 咖啡与小点
2. 趴在窗台看风景，极简的北欧设计风格
3. 琉璃交错间，一个人文的美好咖啡馆

冰激凌，热巧克力搭配冰凉的冰激凌，会是许多人独一无二的选择。

香草拿铁，牛奶与咖啡相遇后，凝练出特别柔滑的口感，微微的苦涩伴着丝丝牛乳的香气袭来。这时候杯中倒入香草糖浆，甜蜜、微苦、奶香混合在一起，最适合秋日午后细细品啜一个人的时光。

甜品与咖啡的午后时光在维娜星也可以优雅如斯，闹市中的纯白色咖啡馆显得静雅、清和，和城市里的尘嚣与繁华擦肩而过。静静地坐在这里，即便什么也不做，只感受这种内心的宁静也很好。

咖啡馆资讯

- 地　　址：南京市鼓楼区上海路150号
- 电　　话：025-83556176
- 人均消费：35元
- 特色推荐：漂浮咖啡、榛果卡布奇诺、香草拿铁、马卡龙、熔岩蛋糕

苏州

啡舍——时光静好，咖啡幽香

咖弄咖啡——老宅子里的手冲情结

山月咖啡——山月不知心底事

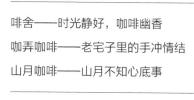

啡舍

—时光静好，咖啡幽香

在热闹的街口，在人潮密集的路边，苏州城里的咖啡馆星罗棋布，唯独啡舍仿佛刻意避开那些万千繁华，偏安在苏州的弄巷深处，依一条小河，倚一座石桥，绿树环绕，鸟鸣虫唱，啡舍的窗外能看见最温柔的苏州。

咖啡馆特色

◎ 安静的河畔咖啡馆
◎ 苏州最文艺的咖啡厅外景
◎ 有诗意亦有品位的室内空间

自家的咖啡馆

苏州首家私人庭院咖啡馆——啡舍，距离最热闹的十全街只隔着一条小河，但与河对面的十全街却有着全然不同的气质。一面邻着小巷，一边挨着河流，推开小小的木门，便是一个清静素雅的小院子。

啡舍是个窄巷里的地道的苏式建筑，灰瓦白墙，木质牌匾上写着"啡舍"两个字。从两盏复古欧式壁灯能稍微看出一点咖啡馆的慵懒腔调。爬墙虎和风一起舞蹈，浅绿色的铁艺小圆桌在院子里显得清晰可爱。走进啡舍，盛夏的炎热都会一瞬间消失殆尽，入眼满是绿意清凉与花开芬芳。

啡舍室内主打温馨文艺的风格，在这个暗红色的小房子里，暖暖的灯光会让人想起家。巴洛克的琉璃桌灯、雪白的砖墙、柔软舒适的沙发，在这样的啡舍，可以全身心地慢享一段惬意、温柔、静谧的苏式闲情时光。进门处的一面墙，挂着色彩斑斓的马克

"啡舍"二字写得很有气魄

杯，木质结构的老房横梁下，也挂着许多饶有趣味的马克杯。有格调和艺术品位的陶瓷吊灯，桌子上的玻璃器皿里放些小小绿植，波西米亚风的碎花桌布，一点中式复古的情调，又夹杂着些欧式的幽雅和慵懒。

初识啡舍，只觉得它是个很有态度的咖啡馆，小院里的一草一木，小木楼里的一边、一角，一楼文艺调的吧台，二层的陈设布景，都尽可能做到精美又别致。只要细细品味，就能感到主人的用心，会很快爱上这个河畔边深巷子里的咖啡馆。

来自啡舍的暖心咖啡

玫瑰拿铁是啡舍最美的一款咖啡。盛在玻璃高脚杯里，可以清晰地看见牛奶与咖啡的分层，细腻奶泡上撒着玫瑰花，芳香扑鼻。饮一杯玫瑰拿铁，唇齿间满是玫瑰花与咖啡醇厚的味道。

多肉世界的下午茶是一个下午茶套餐，有趣的是用小铁铲当勺子。套餐里有当下火热的盆栽甜品，还有水果、纸杯蛋糕、炸薯条、布丁，不但很丰富，而且颜值也超高。是啡舍里很有人气的精致下午茶。

苏州河边的啡舍，温柔又多情

窗前遐想，可以看见苏州城的美景

　　甜蜜摩卡也很有啡舍特点，丰富奶油，香甜四溢，附赠香蕉片。丝滑奶油被搅拌后融入咖啡中，咖啡的苦涩便被化开，而香蕉片独有的清香味道，和着咖啡、奶油一同入口，就产生了奇妙的化学反应，甜蜜却不甜腻，是甜食控的最爱，恰似啡舍温暖的气质，甜在舌尖，蜜在心头。

　　美好的河畔咖啡馆啡舍，有温柔到不可思议的苏州河畔小院。江南独有的清雅、俊秀都融化在这里，巷弄幽长，阵阵醇香袭来，河廊的夜景在灯下泛起波光。春天，梧桐花落在小院子里；夏日，对岸的十全街嘈杂而熙攘，啡舍却如此静谧；秋日的微凉清风吹来，一杯香气扑鼻的玫瑰拿铁正好；冬天，江南的冷意被啡舍柔软的沙发和甜蜜摩卡驱散。有着苏州文艺范儿的咖啡馆啡舍，不仅是个咖啡馆，也是个美好的河岸文艺院落。

$\frac{1}{2}$ 1. 可以在这里翻翻书，安静享受独处的美好

2. 每一个都是独一无二的马克杯

咖啡馆资讯

■ 地　　址：苏州市沧浪区十全街吴衙场25-1号

■ 电　　话：0512-65730083

■ 人均消费：50元

■ 特色推荐：玫瑰拿铁、甜蜜摩卡、多肉世界的下午茶

咖弄咖啡
——老宅子里的手冲情结

有一条通往平江路的旧街道，安静古朴，路两边的梧桐繁盛高大，路边的石板里藏着潮湿的青苔。这条小巷有个美丽的名字——蒹葭巷。在蒹葭巷48号，有个小而精致的咖啡馆——咖弄咖啡。这个小咖啡馆主打单品手冲咖啡，虽然藏在远离繁华的老街，但丝毫没有藏住它的香气袭人。

咖啡馆特色

◎ 专注的手冲咖啡文化
◎ 有格调的小清新
◎ 安静的背街老巷

古典与文艺并存的咖啡空间

咖弄是个很有情调的小店，进门左手边是老板的咖啡吧台，吧台上有咖弄独家的挂耳咖啡销售，还有一个胖胖的相扑小人偶，萌萌地冲你微笑。老板会询问你喜欢什么程度的烘焙、什么样的口感，然后在这个一应俱全的吧台，调配出最适合你的咖啡。

这个咖啡馆并不大，但空间很有层次感，老板也为咖弄的陈设与装饰花费了不少功夫。吧台前有个中式的长桌，搭配雕花白漆木屏风，一个小店的质感就呈现出来了，而苏州那种内敛含蓄的江南之美也淋漓尽致地表现了出来。

咖啡馆有个很漂亮的贵妃卧榻，缎面绣花布料和光滑细致的木架，古典雅致，清雅出尘。卧榻用荷风的缎面花纹，配上几个麻布小抱枕，在这样的卧榻上盘腿而坐，点一杯醇香的抹茶拿铁，听着窗外苏州绵长的雨，舒适又惬意。

除了精致古典的室内风格，咖弄也拥有传统苏州宅院里的一方小天井，有着绿意盎

$\dfrac{1}{2}$　1. 咖弄的招牌
　　2. 咖弄墙上的自行车也彰显着老板的资深文艺范儿

然的植物与苏州的高远蓝天。天井里的木椅上，一窝小猫咪好奇地向客人们望去。

　　咖弄里有很小众的文艺风格，木头书架里摆着许多复古小玩意儿，精致的英式咖啡杯、老旧录音机，窗户上还挂着一辆很有年代感的红色复古自行车。咖啡馆里的黑板墙上，画着手冲咖啡的制作过程，扎染的窗帘充满古典色彩与小众特色，这样有差别却又这样和谐。

老板精心画出的咖啡制作流程

手冲咖啡是一种情结

    咖弄的老板是个帅气的小伙子，许多姑娘就是冲着老板也要跑来光顾的；而老板的手艺也是顶厉害的，尤其拉花。老板的颜值与拉花技能，已经成为咖弄的招牌。

    木质托盘、一杯咖啡、一杯清水，咖啡的香醇扑鼻而来。香气逼人，口感醇厚这就是手冲咖啡的魅力。

    抹茶拿铁是一款没有咖啡的咖啡，用抹茶粉和牛奶调配，之所以在手冲咖啡馆提起这款抹茶拿铁，是因为咖弄的抹茶拿铁实在是一件艺术品。草绿色的抹茶和纯白牛乳相互依存，最后搭配上老板的精湛拉花，被放在木质托盘上，与一杯清水同时送上桌，一件艺术品才算真正完成。

    咖弄老板的黄金曼特宁也是一款很有诚意的手冲咖啡。曼特宁是印尼咖啡中的精品，黄金曼特宁又有着陈年的精致，冲调要求也很高。老板冲调出的黄金曼特宁滋味醇厚，风格独特，香气和苦涩随回甘扑鼻而来，有一丝耐人寻味的甜，是深度烘焙的经典。

    咖弄的门口写着隐居的咖啡馆，这就是咖弄的气质，外表是慵懒的咖啡馆，内心却充满姑苏古典的气韵，每一个细节里都有苏州浓郁的风味。

$\frac{1}{2}$　1. 咖弄打赏算是赞美老板的一种方式啊

2. 咖弄的猫很有气势

 咖啡馆资讯

- 地　　址：苏州市平江路兼葭巷48号
- 电　　话：0512-66351908
- 人均消费：40元
- 特色推荐：抹茶拿铁、黄金曼特宁

山月咖啡

——山月不知心底事

平江路的文艺咖啡馆不少，如果论颜值，山月咖啡一定是数得上的。欧式的古典风格与苏州清雅出尘的情调糅合在一起，造就了如此精致的咖啡馆。平江路人流不息，喧嚣热闹，而山月咖啡时光静好，坐在咖啡馆里看着平江路上的人来人往，享受苏州最惬意的光阴。

咖啡馆特色

- ◎ 精致的英式下午茶
- ◎ 细腻文艺的内厅空间
- ◎ 绝佳的地理位置

平江路的最美咖啡馆

平江路上的建筑多是灰瓦白墙、飞檐翘角，传统的中式风格。在主路上有家特别显眼的咖啡馆，它有个诗情画意的名字——山月咖啡。很难不让人想起温庭筠的那句诗，"山月不知心里事，水风空落眼前花"。

山月咖啡虽然有个中式的建筑轮廓，却是欧式复古的风格，有着薄荷绿色的木门窗，一眼可以望见吧台的玻璃柜。这是一个细节满分的咖啡馆，主人对布局陈设十分用心，几乎已经到了细腻的程度。从鲜花的点缀、桌椅的摆放，到欧式巴洛克的吊灯、角落里的小物件，文创小玩意儿遍布整个咖啡馆，这里俨然一个咖啡文化主题影棚。

天花板上有大幅的欧洲油画，铁艺的鸟笼随处可见，玻璃橱窗里还有两只鲜艳的鹦鹉，每一组桌椅都见匠心，桌花也很有意境，巴洛克式瓷砖晶莹透亮，圆角木架上的小陈列，书籍随意放在触手可及的地方，古老的座钟不再走动。此情此景再配上舒缓的蓝

山月不知心里事，却知道一杯咖啡的苦涩与香甜

调音乐，整个山月咖啡馆像一座秘密花园。

午后三点属于咖啡和下午茶

　　主打颜值的山月咖啡，在饮品上也格外注重外表的美丽。

　　玫瑰提拉米苏，浓厚的奶泡上用焦糖画出一朵鲜艳欲滴的玫瑰，细细品味似乎有玫瑰的香气，满杯的少女情怀。品尝着这样的食物，会让时光也染上了玫瑰的颜色。

　　蔷薇花园套餐是一份传统的英式下午茶，三层白色的铁艺茶架装着甜点和下午茶，每一份都精致讨喜。

　　华盛顿套餐是美式的轻食，土豆泥培根、土司沙拉和薯条，作为两餐之间的小食最好不过。

精致的欧洲装饰风格

水桶做成的小凳子造型讨巧

小资情调少不了精美的桌灯

　　山月咖啡的美，不仅在于花式咖啡，也不仅是欧陆风情的复古味道，而是坐在静谧的咖啡馆里面，看平江路繁华的街道上人来人往，独享一份安宁。美丽平江路的下午三点的美好时光，属于山月咖啡里的一杯玫瑰提拉米苏和一壶英式锡兰红茶。

咖啡馆资讯
- 地　　址：苏州市平江路78号
- 电　　话：0512-67283476
- 人均消费：30元
- 特色推荐：玫瑰提拉米苏、蔷薇花园套餐、华盛顿套餐

杭州

蜜桃咖啡——我也是这样的

寒烟咖啡馆——丽江小倩般柔软

花事咖啡——开到荼蘼花事未了

蜜桃咖啡

——我也是这样的

很长一段时间里，蜜桃咖啡都是杭州文艺咖啡的代表。相较于蜜桃咖啡的中文名，我更喜欢它的英文翻译——METOO CAFÉ，意为"我也是这样的"，很有腔调，很有存在感。这是一家强调"自我"力量的咖啡馆，堪称杭州咖啡馆文艺范儿的标杆之一。

咖啡馆特色

◎ 白色工业风格

◎ 老厂房改造

◎ 艺术气息浓厚

蜜桃的味道

在蜜桃之前，杭州老厂房里的文艺风格尚不成气候。在2008年夏天，八位来自不同领域的年轻设计师在城北的一处老厂房"丝联166"里打造了杭州具有时代意义的咖啡馆——蜜桃咖啡。

从蜜桃成立的时刻起，杭丝联这座被城市化遗弃多时的老仓库一夜之间变了模样。蜜桃咖啡的出现，成全了人们变废为宝的尝试。虽然它位于杭州城北一隅，但成为杭城文艺思潮奇思妙想的温床。

蜜桃的空间布局很有创意，选用了全白色的基调，整体风格简约现代，又混合了老工业产业遗留的沧桑，利用原本的破墙、老机器、管道等元素，将整个空间糅合了工业时代的气息。细节上的处理干净利落，清一色白沙发配搭纯木桌椅，加上四处淘来的老家具，一派复古洋气。

蜜桃英文METOO的意思是"我也是这样的"

这里很快成为设计师和文艺青年的聚集地，以咖啡之名，记录、储存和温习时间。

用咖啡来爱你

蜜桃咖啡有饮料单和菜单，也分两个窗口供应。食物出菜口边上的陈列柜相当复古，摆着各种风靡很多人童年时期的玩具，还有老式收音机、珠算盘和琉璃弹珠等。

这里所有咖啡中，最有名的当数四季咖啡。蜜桃春逝、蜜桃夏逸、蜜桃秋临、蜜桃冬享，分量不大，可以续杯。喝过四季咖啡，犹如走完杭城的春、夏、秋、冬，品味出不同的味道。找一个冬日的午后，懒洋洋地窝在阳光房里的沙发上，一杯冬享，会让你由衷地感叹时光的美好。

这里不是单纯的咖啡西餐厅，更多时候会举办一些艺术沙龙，如画展、摄影展、调唱交流会等艺术活动，还有一个展台上都是售卖的书籍，老板说，你可以把书拿来这里，既是展示也可以售卖。

蜜桃咖啡是由Loft风格厂房改造的

蜜桃一角

大开间的空间很舒适

猫咪小桃

蜜桃的味道是文艺的。

但咖啡馆里最具文艺气质的，并不是他家主人，或是美丽的店长，而是一只黄白色的明星猫咪——小桃。

小桃是店长两年前在门口捡来的，当时的它只是只流浪猫，很可怜，店长把它带回咖啡馆养着，取名小桃。

小桃在蜜桃长大，渐渐被客人熟知。也许是做流浪猫时存留在体内的忧郁因子，它每天总是带着傲娇的表情，45°仰望天空，或趴在玻璃窗旁晒着太阳，或是坐在沙发靠背中央眯着眼，无论身边有多少人举着手机拍它，它总是一副爱理不理的高冷范儿，完全自动屏蔽了周边的一切。慢慢地，小桃的粉丝越来越多，现在很多来蜜桃的客人，都是为了看一眼小桃。

如果，你想在一个浪漫的午后邂逅一场文艺盛宴，蜜桃是个不错的选择。因为，我也是这样的。

咖啡馆资讯
- 地　　址：杭州市拱墅区金华南路189号丝联创意园内
- 电　　话：0571-88019967
- 人均消费：90元
- 特色推荐：四季咖啡

寒烟咖啡馆

——丽江小倩般柔软

一个有着浓浓的文艺情结的人，如果来到了杭州，寒烟咖啡馆绝对是她不能不去的，因为这里几乎可以满足她的所有文化诉求。女主人寒烟立意要把这里打造成具有极致之美的咖啡店。这里独有的标记，为这座城市增添了一个不一样的注脚。

咖啡馆特色

◎ 丽江风格浓郁

◎ 混搭民族风

冬夜相遇

对于寒烟的情愫，是从做她家第一拨客人的缘分说起，当时几乎每周必去，还特意选了两张006和008的会员卡，车里一直放着最初老店长送我的CD——《丽江小倩》。小倩柔美的吟唱，与寒烟咖啡馆的格调极为相配。这是寒烟开业时最常放的CD，而我也因为这曲音乐，把心安在了这里。

认识寒烟姐姐，是刚从西藏回来的一个冬夜，我从一个经常光顾的咖啡屋出来，看到隔壁有家店铺在做装修，屋顶上挂着很多民族背包，和在西藏见到的很像，于是我便走了进去。当时已经夜里11点多，寒烟姐姐正爬在墙面上探着身子一张张挂着相片，她穿着棉麻长衫，披着一头乌黑的长发，纤弱的身影，温柔却用力地在装点着自己的梦想小屋。我不忍心打扰，还是她感觉到有人进来回头看到了我，和我打了招呼。简单交谈之后，我知道这里要开一家新的咖啡馆，问了开业时间，然后如约而至。

当时的寒烟咖啡馆，软装部分不多，井然有序，冬日的阳光透过落地窗洒进来，隔

浓郁的民族风一直是寒烟咖啡馆的特色

绝了外面的寒气，暖暖的，满满的都是温柔。大棉布沙发、柔软的抱枕、浓郁的色彩，很容易让人联想到丽江的风情。此情此景配上一份香浓的榛果拿铁，再和着音响中小倩柔和的吟唱，整颗心都被软化了。

有一段时间，我是寒烟的常客，可以毫不夸张地说，任何朋友在劳动路的寒烟咖啡馆拍张照片发微博，即使只是一个角落，我也能一眼认出。

用四季来陪你

之后，寒烟又开了很多分店，"夏朵""秋雨""春韵""梧桐"，都是独立洋楼，自家小院，门口用竹篾编织的门牌，偶尔还会发现"发呆艳遇"的字样，每一家都比之前更显韵味。

寒烟在杭州的文青圈里越来越有名气。这个柔软的并且带有江南诗画感觉的名字，像是琼瑶笔下的女主角，它的出现犹如石子投到了波心，惊动了一池水，很多人开始接受并喜欢它那份淡泊致远的生活态度。

露天座位也别有味道

　　店主寒烟姐姐一定是极其喜爱云南民族风的，在她的咖啡馆里，几乎都是超高饱和度的颜色混搭，极具民族风的线条或是大方格布，让人眼花缭乱，并给任何一个角落都刻上了"寒烟"的专属烙印。

鲫鱼面的传说

　　寒烟咖啡馆除了装修风格很文艺外，还有一个法宝，不是咖啡，而是爸爸的鲫鱼面。

　　从劳动路的第一家寒烟店开始，寒烟爸爸的手工招牌鲫鱼面和鲫鱼年糕就深得人

桌上别致的台灯、干花和纸巾盒

心。后来寒烟爸爸去了夏朵，很多粉丝也追到了夏朵。

咖啡馆和鲫鱼面，一个听起来很奇怪的搭配，但在寒烟咖啡馆却是绝配。寒烟和爸爸都是温州人，因而鲫鱼面、鲫鱼年糕里有很多海鲜。鲫鱼很大，一整条，料很足，鱼汤鲜美浓郁。寒烟爸爸的独家手艺，用鲫鱼面的味道深深锁住了寒烟粉丝们的味蕾。

咖啡馆资讯

- 地　　址：杭州市上城区劳动路128-1号
- 电　　话：0571-81606978
- 人均消费：80元
- 特色推荐：卡布奇诺、拿铁、提拉米苏、手工鲫鱼面、鲫鱼年糕

花事咖啡

——开到荼蘼花事未了

南宋御街有一幢古旧的老洋房，是过去钱庄的遗址，现在已改为一家低调绽放的咖啡馆。黑屋檐房顶、紫色的招牌、立面的青砖墙面在阳光下泛着光，落地玻璃橱窗里是一组湖绿色的沙发，披着橙橘色的纱幔，它就是花事咖啡。

咖啡馆特色

◎ 小洋楼里的咖啡馆

◎ 提供意大利红酒

春日盛花事

关于"花事"的故事有很多，是席慕蓉的诗歌集《花事》，是亦舒的言情小说《花事了》。当然，还有林夕作词、王菲演唱的粤语歌曲《花事了》。后者是花事咖啡的女主人杰西卡很爱的一首歌，歌词浅淡而深刻，温暖而怅然，漫不经心却又丝丝渗透，寥寥几笔却清澈如明镜。幸福不过一场终须赏尽的花事，于是这家咖啡馆就取名"花事咖啡"。

人们似乎很喜欢把花事与荼蘼联系到一起，仿佛提到开到荼蘼就想到花事了，总给人以凄清、寂寥之感。但花事咖啡却更想表达一种花事未了静待美好的意境。

花事咖啡馆有三层楼，每一层都有不同的韵味。由于是老房子改造而成，老木头结构的楼梯，踩上去总会发出咯吱咯吱的声音。这里处处都用墨绿色的织物装点着，据说是女主人在英国读书期间而喜欢上的颜色。这里有着舒适的沙发、复古风格的油画、浪漫的台灯以及女主人自己搬来的一堆藏书。你可以点一杯招牌的花事咖啡，捧一本书，在咖啡香和花香的世界里，看到日暮。

由历史建筑改造的花事咖啡

颇具文艺范儿的沙发区

1 | 2 | 3　　1. 前台贴满了拍立得
　　　　　2. 吧台侧面的酒柜摆满了高端红酒
　　　　　3. 唯美的窗帘与古建筑分外相衬

红酒配花事

女主人喜欢钻研各种口味的饮品，花事咖啡馆里面的很多饮品都有女主人的影子和喜好。

而最具个人属性的，除了花事招牌咖啡外，还有红酒。在花事喝红酒，会感觉比喝咖啡更配，红酒会显得这幢小洋楼更加妩媚迷人。

女主人之前在英国留学时，就喜欢那些安静却又可以喝点小酒的静吧，所以在做花事时，融入了静吧的元素，把咖啡和红酒结合起来。

一楼进门处右手边就是一个特别的红酒吧，上面倒挂着晶莹剔透的水晶红酒杯，右侧满墙的红酒架，摆着30多款意大利纯进口葡萄酒。

入夜之后，在这座古色古香的小洋楼中小酌，窝在舒适的沙发里，听着柔和的音乐，品一杯意式红酒，尝一些法式甜品，看着城隍山脚下的南宋御街上游客如织，车水马龙，伴着酒杯里明亮的红宝石光，浅醉微醺，会是一种难忘的经历。

咖啡馆资讯

- 地　　址：杭州市上城区中山中路170号
- 电　　话：0571-87047798
- 人均消费：70元
- 特色推荐：花事咖啡、芝士蛋糕、海鲜炒饭

成都

壹杯

——停驻那一刻静谧美好时光

在一个略显阴沉的天气里，我走进一条有些昏暗的小巷，脑海中忽然回响起莫文蔚的歌：阴天，在不开灯的房间，当所有思绪都一点一点沉淀……仁厚街很窄小，很清净，一位大妈拎着菜篮施施然走过，两个老大爷坐在路边小板凳上抽烟下棋。不觉已到壹杯门口，一束暖暖的黄色灯光恰好从里间透出——阴天，遇见这个开灯的房间。深藏小巷，闹中取静，这里距大名鼎鼎的宽窄巷子只不过一公里，相比那边的热闹喧嚣，犹如置身另一世界。

咖啡馆特色

◎ 专业的手冲单品咖啡
◎ 店主自制萌态美味甜品
◎ 书香满屋，能看到很多台版书
◎ 每周三电影主题"壹杯观影夜"

做一个关于咖啡的梦

　　白色外墙配上一块咖啡色的招牌，鲜明的对比色使招牌上的手写体店名更加突出，也使整个咖啡馆的外观看起来十分简洁、大方。进到店里，抬头便会看到一块大大的透明玻璃天窗，午后的阳光倾泻而下，温暖、明亮得让人心情愉悦。满屋温暖的光和全木质原木色的简单装饰，使这个底层居民楼改建的小小门面成为一个独立、温馨的小世界。屋里墙上无处不在的花架、书架、小木桌铺着清新的碎花桌布、墙上悬挂着用透明玻璃容器装的美人鱼，甚至洗手间也摆放着水培绿色植物，还有散发出淡淡香气的护手霜、暖暖的热水等各种小细节，林林总总都释放着强烈的文艺气息。

　　店主是两个热爱咖啡的小伙子，在咖啡梦想学院学习之后一起开创了这家小小的主题咖啡馆。因为爱咖啡，所以要求专业，店主亲力亲为制作每一杯咖啡和每一份甜点。

简单且独特的手写体店名

店里咖啡均来源于Hourglass团队的筛选和专业烘焙，每一种咖啡都体现出了店主的特别用心。

新鲜烘焙的进口咖啡豆、澳大利亚的德运鲜奶、进口黄油和奶酪、英国Whittard果茶、日本熏香，还有每一样经店主精挑细选而来的小玩意儿，杯子、椅子、桌子、书、花，甚至放勺子用的小小熊猫底座，都寄托着一个关于美好咖啡店的梦想。

还有甜品、书香和周三电影夜

店里咖啡的选择面很大，既有专业的手冲咖啡，也有香浓的花式咖啡，还有咖啡豆出售。手冲单品主打肯尼亚PB和AA，每一杯咖啡还配有一张贴心的小卡片对咖啡进行专业介绍，店员也会轻声细语地解说它的特点，旁边还另配有一小杯冰感咖啡用来品尝。

店里有三款招牌甜品，最受欢迎的是香蕉酸奶慕斯。配着质朴的木质小盘、漂亮的木勺和萌萌的熊猫勺架，这款甜品的颜值高，味道好，香蕉味新鲜浓郁，奶油慕斯入口即化，香甜适度，顺滑细腻，叫人停不下来。冬瓜茶也是店内的特色饮品，据老板介绍这款具有台湾古早味特色的风味饮料是由他自己用心熬制的。

1. 店里有很多关于旅游、咖啡、城市、美食的书
2. 墙上无处不在的花架和书架散发着浓郁文艺气息
3. 在店里发现朋友的作品，是一份意外的惊喜
4. 在这里看书的人

1 | 2
  | 3

1. 碎花桌布配着香浓的咖啡，这种气质叫怀旧
2. 鲜花让咖啡店生机勃勃
3. 招牌甜品香蕉酸奶慕斯、质朴的木质小盘、漂亮的木勺和萌萌的熊猫勺架

　　店里布置了很多书架，随意翻看，发现很多书都是老板从台湾省带回来的。此外还有很多关于旅游、咖啡、城市、美食的书籍，让我最为惊喜的是竟然发现一本好友的书，他日若朋友前来，定要亲自带她来这家小店。

　　除了满屋书香，店里还有一个电影小包间，可以用投影仪放映电影。每个星期三的晚上八点，店主会精心挑选一部电影放映，大多是像《小森林》《海街日记》《白日告别》等带有小清新色彩的文艺片。无须额外费用，饮品自愿消费，轻松惬意地享受一个美好的电影夜晚。

　　温馨舒适的环境，美味的咖啡和甜点，用心的老板和店员，热情友好的服务，这就是一间美好的独立咖啡店。

咖啡馆资讯

- 地　　址：成都市青羊区仁厚街38号附1号
- 电　　话：18628049016
- 人均消费：35元
- 特色推荐：手冲咖啡、香蕉酸奶慕斯、重乳酪芝士、冬瓜茶初夏的日子，一走进西村小院，便见到满眼的绿意，因为爬山虎已悄然铺满别墅建筑的老墙。阳光细碎，绿树成荫，咖啡店的白色玻璃房干净明亮，原木桌椅简单质朴。微风拂过，大树上的风铃脆响。"我的心是七层塔檐上悬挂的风铃，丁零，丁零零，此起彼落，敲叩着一个人的名字"。这个午后，我在安静而美好的Dodo Coffee，你在哪里？

Dodo Coffee
——漂亮花园里的清透下午茶时光

> **咖啡馆特色**
>
> ◎ 专业的咖啡师和专业的单品咖啡
> ◎ 有一只名叫张小兜的超可爱萌宠白狗
> ◎ 别墅改造的花园景观咖啡屋

花园、阳光、大树和一只叫张小兜的萌狗

这是一家位于成都西门由别墅改造而成的独立咖啡馆，它坐落在文艺气氛浓厚的西村小院。虽然店内特色为精品咖啡，但这个小院的环境实在太招人喜欢，甚至有时会让人忽视它的咖啡。

从西村小院3号门进去，一眼就能望见大黄桷树下的闪亮店招。一直觉得黄桷树是最能体现川西平原风格的植物，尤其在悠长的盛夏，它的浓荫和翠绿总让人觉得它能够抵挡住整个夏季炎炎的炙烤。小院的黄桷树枝繁叶茂，炙热的阳光透过浓密树荫投射下来已经减弱了强度，细碎地洒在人身上，有种清透的美好。

Dodo Coffee的前身叫"张小兜咖啡"。以前总误以为张小兜是店主的名字，其实它是一只店主养了多年的小白狗。它虽不是boss，却有着胜似boss的地位，更有趣的是，它是一只爱闻咖啡、爱吃甜食的萌宠。店主说，张小兜很温顺，请不要害怕并且善待它。

黄楠树下的独特店

　　店内空间虽然不大，却布置得非常温馨。店主在很多细节方面都考虑得无微不至，每个桌子都有手机的USB插口和充电接口，店内到处都是鲜花和绿植。甚至在洗手间的墙壁上也放置了花篮绿植。

　　遇上温度适宜、清风和煦的天气，坐在这样一个漂亮的小院里喝咖啡，实在是件很美好的事。

精品咖啡，精致甜品，温馨服务

　　Dodo Coffee是一间很有个性的独立咖啡店，主营单品精品咖啡、意式咖啡以及健康简餐。店内拥有专业的咖啡设备，单品品种随时都在更换，无论是肯尼亚AA、耶加雪啡，还是萨尔瓦多、哥伦比亚、西达莫，用的都是老板精挑细选的咖啡豆。提起店内的咖啡，他会很骄傲地告诉你，"我的咖啡都很好喝"。

　　那天的咖啡师是个温和的帅哥，在他简单介绍了当日的几种单品咖啡豆后，我选了肯尼亚AA，并提出不要太酸的口感。帅哥很贴心地表示会把握好，并把磨好的豆子拿来让我闻香。坐在吧台看着咖啡师用纯熟的手法把咖啡从一颗颗豆子变成一杯饮品，再闻着弥漫一室的咖啡香气，会让人生起一种生活很美好此刻很幸福的感觉。冲好的咖啡

你可以坐在吧台前观看一杯手冲咖啡的制作过程

用一个大玻璃器皿盛放，木盘里还有一个用来品尝的小玻璃杯，咖啡师同时贴心提醒，这款咖啡会随着温度降低而酸度增强，最好快点喝完。肯尼亚AA的口感清透，回甘干净，风味非常明显。

当然，这里的新澳咖啡、摩卡、卡布奇诺、焦糖玛奇朵等意式奶咖的口味浓郁，又因漂亮拉花而拥有很高的颜值，自然也很受欢迎。店内的甜品有特色，常常还不到晚上就已所剩无几了。抹茶仙人掌的造型非常独特，抹茶口味浓厚醇正，中间是覆盆子夹心，酸甜搭配抹茶的微苦，口感层次非常丰富。据说店内甜品都来自成都著名的甜品店Cream Lab（奶油研究所）。值得品尝的还有轻食简餐，装在罐子里的沙拉、加了蜂蜜的芝士烟熏火腿三明治等，既有创意又很美味。

店内每周都有精品咖啡品鉴体验课和手冲咖啡基础体验课，以及特色的Dodo Coffee环球之旅活动，供咖啡爱好者体验来自世界各地的精品咖啡豆。

音乐、咖啡、糕点，适度的热情和服务，都刚刚好，理想的咖啡店应该就是这样吧！从环境到饮品，到店员，店内形成了一种非常自然的氛围，让人在不知不觉间度过了一个下午。离开的时候，咖啡师会微笑着说："这就走了啊？下次再来哦！"走到小院抬头想拍花顶高大的黄桷树，一个转身不注意差点儿撞到院里正修剪花枝的帅哥，两人都吓了一跳，然后不约而同地相视而笑。帅哥也温柔地笑：小心哦，回家了？有空再

属于闺密的下午茶时光

1 | 2　　1. 适合一个人的私密角落
　　　　2. 店内处处是绿植和书籍

来啊！阳光斜斜照在小院，微风吹过，大树上的风铃清脆作响，仿佛也在和我告别。会再来的，Dodo Coffee。

咖啡馆资讯

- 地　　址：成都市青羊区贝森北路3号10栋（贝森花园别墅内）
- 电　　话：028-81478818
- 人均消费：40元
- 特色推荐：单品咖啡、榴梿芝士、 抹茶仙人掌、罐子沙拉、三明治

Let's Grind
——藏于市井小巷的大师咖啡

初夏五月，穿过嘈杂的义学巷，走进这条名为锐钯街的小街，周围突然变得整洁、清幽起来。发现自己站在一树刚换了新叶的、粗壮的黄桷树下，雨后的新绿沁人心脾，身旁三角梅开得正艳，心情也变得异常愉悦。这座城市的咖啡馆很多，可是获得过全国冠军的咖啡师却不多。在这条狭窄的布满一间接一间迷你店铺的锐钯街，就藏着这么一家咖啡大师的小咖啡店。

咖啡馆特色

◎ 店主曾获2011年世界咖啡师竞赛中国区冠军

◎ 出色的手冲单品咖啡

◎ 漂亮的拉花和奶泡

从咖啡师全国冠军到充满咖啡元素的咖啡店店主

经过一家日料小铺、一家杂货铺、一家面馆，哦，又是一家日料，突然发现已经走到锐钯街的另一头。咦！是走过了吗？倒回头去，仔细寻着门牌号，才看见这个小小的门面，低调的木质店招上面写着小小的"Let's Grind"。

走进这间不起眼的小店，可能会看见吧台里站着一个两手大花臂的个性咖啡师。恭喜你，这可是咖啡界的大师——2011年世界咖啡师竞赛中国区冠军干施林，他还曾代表中国参加了哥伦比亚波哥大世界咖啡师比赛。

从开始接触咖啡，到逐渐被咖啡的神秘韵味深深吸引，实现从咖啡师到店主的华丽转身，这是干施林十多年来与咖啡共同成长的历程。他希望把高品质的咖啡带给成都人，也让更多成都人喝上地道的咖啡。因此，他总是对咖啡豆精挑细选，并不辞辛苦从

1. 售卖烘焙咖啡豆也是这里的特色之一
2. 敞亮整洁的店内布置

装饰风格简洁明亮

1│2　　1. 墙上有手绘的咖啡植株图案
　　　　2. 最别出心裁的布置——天花板上悬挂着各色咖啡杯

北京、上海及香港和台湾省进货。

　　洁净的玻璃门关着，轻轻推门进去，午后很安静，里面还没有客人。店铺不大，大约只有二三十平方米，不过还是显得敞亮整洁，看着很舒服。两个相连的小门面由一道门连通起来，棕色木纹的小方桌、线条明快的白色椅子、雪白的墙壁、黑色的咖啡元素，涂鸦装饰风格简洁明亮。吧台、桌上、架子、墙上、头顶，有很多手冲咖啡器具，满满的咖啡元素，最为别出心裁的是天花板上悬挂着各色咖啡杯，有白色、黄色、蓝色，在简洁的风格中增添了一丝浪漫的气息。

咖啡店的核心在于好喝的咖啡

　　餐单放置在吧台上，同样简洁的设计，没有花里胡哨的装饰。在冠军咖啡师开的店里，咖啡一定是最为核心的主题。这里的单品手冲咖啡极为出色，无论是肯尼亚咖啡，还是危地马拉咖啡或巴拿马咖啡，冲好后用热水和冰块两种方式享用，口味特别而回味无穷。除了单品，这里出品的奶咖也是极为出色，拿铁、摩卡、焦糖玛奇朵的拉花和奶泡都非常漂亮。这里的咖啡师可能不像有些店的那么热情，但适度的服务更给人安全感和舒适感。

口味浓郁的奶咖

除了在店里喝，也有很多客人选择把咖啡带走。小店售卖很多烘焙咖啡豆，很多人买咖啡豆自己回家做咖啡。老板亲自烘焙的咖啡豆质量有保证，又新鲜又香，还有七元一袋的挂耳包，性价比非常不错。

店里生意开始繁忙起来，陆陆续续有客人走进这间小小的咖啡店。据说五一假期这里卖出了100多杯咖啡，创下了开店三年以来的新高。尽管如此，店主依然保持着极为个性的营业时间，晚上八点准时关门。有句话这样说的，爱你所做的事才能成就不凡，这句话特别适合这家店的店主——世界咖啡师竞赛中国区冠军干施林。

若你有机会路过锐钯街，请在这家不起眼的小店稍作停留，喝一杯正宗的咖啡。

咖啡馆资讯
- 地　　址：成都市锦江区锐钯街39号
- 电　　话：18111634646
- 人均消费：35元
- 特色推荐：手冲单品、卡布奇诺

家庭咖啡馆
——转角遇见那份温暖

如果可以，真愿意在每个阳光灿烂的午后都踱到这家小小的咖啡馆喝一杯美味的单品。家庭咖啡馆（Home Café），店如其名，一个像家一样随意和温馨的地方，虽狭小却不局促，简单却不简陋，每一杯手冲咖啡和每一个隐蔽角落都充满店主的用心与情调。每次坐在临街的那个小窗边，一边喝咖啡一边看窗外的风景，总有莫名的赞美之词由心底溢出。

咖啡馆特色

◎ 犹如家庭般的温馨和随意
◎ 每一杯单品咖啡都来自精心挑选的咖啡豆和咖啡师的用心手冲
◎ 暖心的待喝咖啡文化

在街的转角遇见那份温馨和随意

这是一家经营了两年的咖啡小店，店主用心装点着这个像家一样的小店。家庭咖啡馆，没有花哨的店名，就是那么家庭式的低调和接地气。

我一直认为，对一间独立咖啡馆而言，店主才是灵魂。有一个热爱咖啡、热爱生活且平易近人的主人，咖啡馆才能具有那样的活力。店主从小就喜欢咖啡文化，熟知并精心挑选各种咖啡豆。为了找到品质优良的新鲜咖啡豆，他们到全国很多地方进行挑选和比较。除此而外，店主和店员都很熟悉经常来喝咖啡的客人，也乐意和陌生的朋友亲切聊天，人与人之间的距离在这弥漫着咖啡香气、狭窄但不局促的空间里被逐步拉近。

家庭咖啡馆位于临江中路和十五北路的交叉路口——十五北街，是不是听上去就有一种莫名美好的朴实范儿？其实这里并不偏僻，只是门面不大，匆匆走过便易错过。盛

纯净蓝色的门窗与白色的墙壁构成一幅简洁而美好的画面

夏时节，走过满街绿荫，感慨这才是一个有历史的城市该有的样子。

走到咖啡馆门前，纯净蓝色的门窗与白色的墙壁构成一幅简洁而美好的画面。推开虚掩的小门，一个长长的木质吧台，一个临街的窗台位置，一个袖珍的木质桌椅，加上最里面的一个小包间，这就是一间估计最多容纳十来人的咖啡馆的全部。店内空间尽管狭小，却杂而不乱，布置随意而温馨，怀旧而文艺，仿佛旧日时光停滞在这里。吧台虽小，但五脏俱全，书架上摆满了从各地淘来的旧书，墙壁上挂着文艺风的画作，还有各种来自天南海北的小摆设和店主精心收藏的影碟。每一处角落都蕴藏着店主的情调和品位，随便一拍就有一种独特的文艺范儿。这种轻松随意的氛围让人忍不住想常来坐坐，这就是一个理想咖啡馆应有的样子和氛围。

喝咖啡这样的事，除了咖啡的口味，还要找一找氛围和气质格调。老板对每位客人都照顾得很周到，甚至知道熟客的名字和口味。你可以一个人坐着看书发呆，也可以跟其他客人或店员、老板轻松聊天，就像在家里的客厅一样自在、温馨。

每一杯手冲都源于对咖啡的用心和热爱

家庭咖啡馆专注精品黑咖啡，拥有种类齐全的咖啡豆，以手冲单品最为出色。咖啡师会根据每位客人的口味做出推荐，你尽可以大胆尝试适合自己的那一种。

最喜欢这个有临街挑窗的座位

屋外的小桌椅坐了两个年轻人，刚好在我的窗外

　　如果不习惯单品黑咖啡的醇香回甘，这里也有奶香甜蜜的花式咖啡，无论是拿铁、摩卡，还是卡布奇诺，都是一样的香浓味美。一杯黑咖啡和甜点是绝配，店主也贴心提供提拉米苏和芝士蛋糕等小甜点。

　　让人惊喜的是，小店里竟然还提供"待喝咖啡"。"待喝咖啡文化"源于国外，有

1 | 2 | 3 | 4

1. 吧台内各种咖啡机器
2. 店内有很多老板从天南海北收集来的小摆设
3. 明亮的向日葵和书架上满满的书
4. 黑猫咻咻温顺地坐在地板上

些客人会在买咖啡的时候把零钱留下或者多买一杯咖啡请店长给后面的陌生人。只要门口小黑板上写着"今日待喝咖啡"，任何人都可以大大方方地走进店内享受这份传递的温暖。据说店主每天都要拿出几杯咖啡作为"待喝咖啡"，给路过的人免费饮用。

挑一个人少的工作日午后，一个人坐在窗前看风景。初夏，阳光微醺，透过树叶间的空隙，在地上留下是斑驳的树影。店内传出玉置浩二的 *Friend*，温暖治愈的醇厚嗓音，是我的挚爱之一。要了一杯单品红蜜，看外面的人来人往，或行色匆匆，或安闲散步，世间百态尽收眼底。

咖啡师和他的两个朋友在吧台前看足球，时而会小声而激动地争论几句。屋外的小桌椅坐了两个小伙子，刚好在我的窗外，聊着一些家常，间或穿插几句创业话题。我喝着咖啡，吃着蛋糕，再翻几页书，耳中飘进几句他们的话题，非常奇妙。那只叫咻咻的黑猫温顺地趴在我脚下，仿佛睡着了，偶尔又抬头看几眼周围，据说它已经半年没有去

过户外了。

　　不断有熟识的客人过来打包，闲坐的咖啡师会跟他们聊上几句。我在手机上跟朋友有一搭没一搭地聊着心事。温馨、质朴、随意，这里像极了国外的小咖啡店，满足我对一个独立美好咖啡店的所有期望。午后的时光缓慢却充实，一切很美。

咖啡馆资讯

■ 地　　址：成都市武侯区临江东路30号附2号
■ 电　　话：13551092695
■ 人均消费：30元
■ 特色推荐：单品咖啡（危地马拉咖啡、巴拿马咖啡）

无早
——捧一本好书虚度无早的周末

有两个成都女孩，出于对独立书店的共同热爱，开设了一家以售卖独立杂志和书籍为主的书店。从最初的线上书店到如今的实体店铺，从单纯的书店到衍生出的特色小食，如今这家书店已在文艺青年的圈子里小有名气，它就是无早。尽管文艺很虚渺，但每个人心里都有自己的诗和远方，梦想和情怀不是毒药，而是生活的兴奋剂。

咖啡馆特色

◎ 独立书店"Rosabooks"的附属食店

◎ 日系小清新文艺风情

◎ 用心的饮品、甜品和简餐

源于独立书店，日式简约文艺风范

早在英国留学时，成都姑娘Rosa便对独立杂志产生了强烈兴趣，回到成都后便和朋友一起开设了一间叫作"无早Rosabooks"的独立书店。从最初一楼小食、二楼书店的格局，到后来小食独立出来开到书店隔壁成为一家正式的小店，这就是无早小食的来历。兴趣和梦想大家都有，可是把梦想付诸实际，不是每个人都能做到的。

一个周末的午后，和两个朋友相约在无早。尽管热闹的兰桂坊和九眼桥就在近旁，青莲上街却是非常宁静，就像它的名字一般散发出一股安宁、恬淡的气息。无早的装修很简单，有些粗粝感觉的白粉墙壁、毫无装饰感的水泥地板、简单的木质桌椅；可也不缺精致的细节，有趣的墙上挂件、生机勃勃的绿叶和花朵，总体透着一股简约、精致的风格。

1. 有着温暖灯光的小店
2. 装修风格简洁明快甚至有些粗粝

墙上随意摆放的书籍均可取来阅读

奶茶、松饼和甜品的诱惑

无早的生意很好，很多时候都是满座，这不禁让人有些意外，毕竟这条街道不算热闹，店面的位置甚至有些隐蔽。吧台里是几位年轻的姑娘，清清纯纯，聊着天，喝着咖啡。点单店员语音温柔，菜单上的品种并不很多，要了一杯招牌奶茶，远远地看着店员在吧台内操作，或许是现煮的原因，颇等了一阵——当然无妨，咖啡店本来就是消磨时间的地方。轻轻啜一口，润滑爽口，奶香和茶香融合到位，毫无香精味，能喝出现煮的口感。蛋糕和奶茶的完美结合，在冷冷的冬日是那么暖心。

菜单上的pancake和抹茶豆乳也很诱人，其中最有特色的可能要数当季pancake，各个季节所选用的水果各不相同，譬如夏天是桃子酸奶松饼，香香软软的松饼配合又脆又甜的桃子以及酸奶和坚果，清爽香甜，口感丰富，令人留恋。

1 | 2 | 3
1. 原味奶茶润滑爽口，奶香和茶香融合到位
2. 简单的装修可也不缺精致的细节
3. 有趣的墙上小摆件

　　无早还提供简单的早午餐，咖喱牛腩饭套餐是其中很受欢迎的一款，要提前预约。周末闲暇的中午，在这个充满文艺范儿的小店吃个简简单单的早午餐，有一些阳光会让整个咖啡馆的氛围显得更美好，看看书，听听音乐，或者什么也不做，只是发呆闲坐。捧一本好书虚度一个不用赶早餐的周末，或许这才是无早这个店名的真正含义？

　　和朋友轻声聊着各自近况，聊那些细碎的生活琐事，还有总是向往的诗意的远方。小店玻璃窗外的植物绿意盎然，透过玻璃显得更加美好，两位姑娘坐在门口的位置，她们背对着我轻声谈笑的模样就是一幅温馨的画面。举起相机的时候，恰好有人从门口匆匆而过，虚实结合，很美。

咖啡馆资讯

■ 地　　址：成都市锦江区青莲上街5号
■ 电　　话：028-86008230
■ 人均消费：35元
■ 特色推荐：原味奶茶、pancake、抹茶豆乳、咖喱牛腩饭套餐

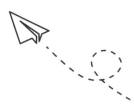

广州

艺外咖啡馆——博物馆里的蓝山咖啡

漫咖啡（天河华庭店）——归本主义的优雅休闲

W.Coffee（石牌店）——恍如都市公园一般

醒觉咖啡——非著名森女系纯真博物馆

禧艾咖啡——充满甜蜜的咖啡馆

艺外咖啡馆
——博物馆里的蓝山咖啡

艺外咖啡馆坐落在广东省博物馆里，在那样挑高极高的建筑内，敞亮和安静是可以想见的。更难得的是，咖啡馆的露天平台正对着广州的地标建筑"小蛮腰"，景观实属一流。这里还是集咖啡文化与艺术展览于一身的当代空间，显得气场独特。

咖啡馆特色

◎ 咖啡品质一流，蓝山咖啡尤其让人赞不绝口

◎ 有定期轮换的当代艺展和各种讲座、艺术培训

◎ 是广州美术学院雕塑系、油画系、艺术管理系的学研基地

气场独具的当代艺术空间

艺外咖啡馆在广东省博物馆二楼，淡灰色墙面延续了博物馆的整体氛围，室内装饰线条简洁现代，满眼的艺术品，数量超乎寻常，连吧台上陈列的那些咖啡机也如同艺术品一般，和整个咖啡厅的环境相得益彰，同时，定期更换的艺术品也使咖啡馆永葆新鲜感。

从省博东门拾级而上，进入开阔的二楼平台，随处可见现代雕塑艺术，其中雕塑家徐彬的不锈钢佛造像系列陈设在十分显眼的位置。而艺外咖啡馆和二楼平台一样，墙上、座椅周边，全是艺术品，其中不乏广美油画系主任郭润文等名家的作品，而店内随

艺外咖啡馆外观

处可见的玩偶又让这里有了几分"家"的柔软。

　　韩国三玄社（Arte Place）负责"艺外"艺术空间的布置，加上广美的背景，艺外的很多艺术品，都是曾经参展的作品，而后转场来此的，每一件都独一无二，很符合省博物馆的气场。艺外咖啡馆的"镇店之宝"是美籍牙买加当代艺术家、美国麻省大学终身教授布莱恩·马克法兰专门为艺外创作的巨幅麻布油画——《牙买加蓝山和咖啡豆》。

蓝山魅惑

　　冯志强，在咖啡界人称"糖哥"，广州市咖啡协会理事，艺外咖啡的创办人。他痴迷于咖啡的品鉴、研发及经营，曾代表中国与牙买加政府洽谈蓝山生豆代理事宜。在艺外，咖啡从豆子的选择到烘焙，再到最终的冲泡，都由糖哥一手包办。

　　艺外咖啡最出名的是地道蓝山咖啡，个中秘密说来其实很简单，就是豆源好。牙买加蓝山咖啡豆，名气大，产量少，世界上最大的咖啡出口国巴西每年要生产3000万

咖啡馆一角

袋咖啡，而蓝山每年仅产4万袋（60公斤一袋）左右，其中中国进口的每年不过70吨（1000多袋）。由于牙买加蓝山的名气太大，产量少，因而市面上有些咖啡店里的"蓝山咖啡"实际上都是店家自行调配的综合品，里面可能一粒进口豆都没有，即便有些号称"100%牙买加进口的咖啡豆"，也极有可能是生长在该国其他地区的咖啡豆，只能叫"牙买加高山豆"或"牙买加水洗豆"，与真正的牙买加蓝山相比，风味相去甚远。

而艺外咖啡馆的蓝山咖啡，因为有了糖哥把关，就有了百分之一百的正宗味道。这里的一杯蓝山定价100多，糖哥说："一杯纯正的蓝山咖啡，光豆子至少30元，如果低于100元的蓝山咖啡，那就肯定混豆。"艺外的蓝山咖啡豆全部都有圆形的CIB认证标志，如果你运气好，或许还能赶上糖哥手冲蓝山一号Peaberry（珍珠豆）。浸淫咖啡行业20多年，阅尽天下咖啡，糖哥对蓝山情有独钟，说起它的干香、湿香、口感、风味、余韵和醇厚度如数家珍，它那适度而完美的酸味最是让人迷恋。温杯、磨豆、闷蒸、冲泡，中度研磨的粉末经80℃左右热水冲泡萃取，尚在滴漏过程就已经满屋醇香。但其实蓝山闻起来香浓，入口感觉却并不十分猛烈，它最大的特点在于各种味道的均衡并且带着特别的果酸味，口感顺滑，没有任何苦涩的感觉，而且回甘良久。

墙上这幅油画是咖啡馆的镇店之宝

1 | 2　　1. 后现代风格的灯饰和徐彬的作品
　　　　2. 一杯手冲蓝山，单是浓郁的颜色就十分诱人

喝一杯健康的咖啡

　　冯志强之所以被称为"糖哥"，是因为艺外咖啡馆使用得到糖的地方，用的都是他自行研制的一种高浓度低聚果糖——益生糖，这种液态糖被称为继砂糖、果糖之后的"糖三代"。

　　冯克强花了四年时间研发如何将益生元变成食用糖。据介绍，"糖三代"本身也是由蔗糖提炼而成，但通过生物技术，此糖并不能被人体吸收，不会导致发胖，进入人体后不能吸收的部分主要喂养了人体内的有益菌，起到改善胃肠道功能的作用。

　　在享用高级食材的同时，还多了一份健康，这正是糖哥所追求的品质生活。

咖啡馆资讯　■ 地　址：广州市天河区珠江东路2号广东省博物馆东门2楼
　　　　　　　　　■ 电　话：020-38046386

漫咖啡，是一家由韩国人始创的咖啡店，如今已在中国遍地开花，生意非常火爆。

天河华庭店是漫咖啡在华南地区的形象店，面积2000多平方米，号称全亚洲最大的Coffee Shop。这个属于年轻人的空间，环境优雅，气氛文艺，白天阳光明媚，入夜灯影交错，美不胜收。

漫咖啡（天河华庭店）

——归本主义的优雅休闲

咖啡馆特色

◎ 开放式的超大空间

◎ 浪漫后现代工业气息

安静复古的读书冥思空间

漫咖啡天河华庭店坐落在天河北华庭路上一处高端住宅小区的临街裙楼里，整个空间分为两层楼，Loft工业风楼层，挑高达六米之多，空间纵深感极强。开放式天花板，原色实墙，复古地坪漆，透过一楼比例优雅的宽大全落地玻璃墙面，清楚地显现出咖啡厅内部的景象。

漫咖啡的桌子和条案，全部用的是老榆木门板料，自然风化，纹理粗犷古朴，实木桌子上方悬挂着造型各异的北欧风格铁艺玻璃吊灯，或华丽或简约，或时尚或怀旧，散发出色调舒适的光，给空间带来温暖和活力。每组桌子配搭的椅子也各不相同，木质布艺卡座、复古皇宫式高靠背椅、Wing Chair风法式单人沙发、英式圆背亚麻餐椅、美国西部风软椅、中式藤编圈椅，各式风格的混搭，非但不显得零乱，反而产生了奇妙的韵律感和节奏感。

一楼的中心是开放式透明吧台，吧台旁一棵沧桑枯树高至天花板。吧台附近有专门

咖啡馆外观

的咖啡烘焙间和面包坊，整个区域弥漫着咖啡和面包的醇香。透明玻璃柜里陈列着各式点心，沃夫松饼是漫咖啡的必点招牌产品，表皮微脆的松饼加上冰爽冰激凌的吃法最为经典，特别推荐芝士蘑菇帕尼尼搭配香芒思慕雪，帕尼尼补充元气，思慕雪味道微酸，都是目前流行的风味。

沿着宽大的工业风楼梯拾级而上至二楼，和一楼的开放式空间稍有不同的是，这里有八间大小不同的包间，宽大皮沙发和圆形铁艺水景吊灯色调沉稳，适合商务洽谈或公司召会议。

漫咖啡还有一面让人惊讶的书墙，这面墙高达六米、长十余米，从一楼地面直达二楼天顶，啡色实木书架上错落有致地摆放了近5000册图书。坐在这里，品着咖啡，耳畔是若有似无的音乐，窗外阳光正好，一种平静的、纯朴而怀旧的情愫在慢慢漾开。这时候你就会发现，漫咖啡并不是一家徒有华丽外表的咖啡厅，它是读书和冥思的理想空间，美丽且极具个性，会带给人无限的遐想与回忆。

一个韩国商人的成功

辛子相，一名韩国商人，漫咖啡的创始人。他在中国经营着爱江山、漫咖啡、创作餐厅三大餐饮品牌，而漫咖啡无疑是他三大产业中最"出挑"的一个。辛子相的目标是

巨大的书架

全落地玻璃窗和华丽灯饰，构成了漫咖啡的主调

1 | 2
3 | 4

1. 各式吊灯让人眼花缭乱
2. 二楼有相对独立的包间
3. 点餐之后的小熊成了漫咖啡的"萌系"主角
4. 冰激凌草莓松饼

十年内将漫咖啡开到3000家。

有人说，漫咖啡简直就是为社交而生的，朋友小聚、情侣约会、白领加班、学生自习，通通都可以满足。

漫咖啡建筑宽敞，欢迎客人带着电脑待上一天，甚至还专门摆出几台iMac供人上网。在漫咖啡，环境和装修风格是焦点，在这里，经常可以看到正在专注工作、学习、讨论的人，舒适的环境让他们久久不愿离开……

漫咖啡是靠细节取胜的，这种细节甚至包括客人点餐后前台会发给他一个充满童趣的小熊，而那些各异的颜色代表的就是客人的台号，辨识小熊颜色也成为新员工入职培训中很重要的一个环节。柔和灯光下，宽大沙发上，叫一杯心形摩卡和一份松饼，消磨一段漫无目标的午后时光，漫咖啡之浪漫非凡，果然所言非虚。

咖啡馆资讯
- 地　　址：广州市天河区华庭路5号富力天河华庭1-2楼
- 电　　话：020-38391608

W.Coffee（石牌店）
——恍如都市公园一般

W.Coffee给人的第一印象是简约、干净，店内没有多余的装饰和点缀，红砖墙，木楼梯，一面摆满各色绿植的墙，而其店名"W"所包含的三个概念中，第一个就是原生态（wild），在咖啡的世界里（World of Coffee），享受健康休闲的生活（Well-Being Life），这些正是W.Coffee极力想带给都市人的体验。

咖啡馆特色

◎ 装修简约自然，富有现代都市公园气息

◎ 冰滴咖啡和多提亚披萨很出色

绿色健康自然风格

W.Coffee以自然为设计主题，整个咖啡厅的装修设计走的都是简约、原生态路线，一楼的店面不大，除了透明落地玻璃门面之外没有其他装饰，只有吧台和少量的几张桌椅。

沿宽大木楼梯上到二楼，空间豁然开朗，近600平方米大厅，半开放式装修，空间并未做刻意分割，只用镂空木架将整个大厅隔离成三大块，木架上摆放着咖啡机、书籍、饰品等，显得随意自如。

灰色地坪、清水红砖墙，因为不加修饰反而显得更有文艺气息，桌子皆取材于品质上佳的实木，温润厚实，藤编靠背椅色泽柔和，纹理量感，自然清新，配上麻棉材质的抱枕，让人感觉异常舒适。

和一般咖啡馆刻意布置出暗淡昏黄的灯光环境不同，W.Coffee的很多区域都是自

木桌子和藤编椅子，显得自然而清雅

1 | 2 | 3　　1. W.Coffee咖啡馆外观
　　　　　　2. 在宽大玻璃窗前，就着自然光读书喝咖啡，怡然自乐
　　　　　　3. 宽敞实用的楼梯

然采光，桌子上方的米黄色勒兰藤编吊灯，散发出柔和的淡橘色灯光，更多时候只是起到装饰作用，灯罩简洁粗线条，没有花哨装饰，直接传递出朴素简洁的感觉。

整个大厅最值得一提的是living wall的设计，一整面栽种着绿植的墙，面积超过20平方米，寓意更接近自然的真实之美，墙上绿植采用机器自动灌溉，长得生机勃勃，营造出一个更加贴近大自然的都市公园一般的环境。

出色的冰滴咖啡

这里的冰滴咖啡选取上等Arabica原豆，由店内资深咖啡师亲手深焙，经过炒制再密封一个星期左右，由韩国请来的店长亲自确认，当味道和香味都到达最好的阶段才能使用。咖啡的口味很大程度上由烘焙的环节决定，"浅焙香而酸，深焙苦且浓"，由于是深焙，因此冰滴式咖啡不酸，饮用时加入冰块稀释，又避免了过度浓郁带来的苦涩，

口感香浓、滑顺、浑厚，令人赞赏。

W.Coffee还有一个"镇店之宝"——一台像火车头一样的巨大的鼓式咖啡烘焙机，这在广州的咖啡馆中算是绝无仅有的。咖啡美妙味道的来源，就在于咖啡豆中所富含的芳香因子在烘焙过程中得到完美的排列组合，咖啡生豆在烘焙炉里，经过烘干、高温分解、冷却，在两次吸热、放热时发生一爆、二爆，产生花香果香和丰富口感，而在这个复杂的变化过程中，烘焙机的作用举足轻重。

受欢迎的花式咖啡

除了冰滴咖啡，W.Coffee的花式咖啡同样广受好评。

店里最受欢迎的是咖啡拿铁，用了双倍分量咖啡豆制成的Espresso，加入新鲜煮制的牛奶，咖啡的苦涩和牛奶的鲜甜混合得恰到好处，口感更加丰富，而且店里每天还

漂亮的living wall

1 | 2 | 3　　1. 镇店之宝
　　　　　　2. 最爱冰滴咖啡
　　　　　　3. 口味独特的奶昔巧克力饮品

随咖啡附送不一样的手工小饼干，模样和口感都十分讨喜。还有自创的甜薯拿铁，有着淡淡的番薯香，入口更是略带清甜，奶泡洁白丰盈，口感细腻润滑，附赠的蒜蓉面包松脆咸香，与拿铁搭配享用最好不过。

　　树莓白巧克力摩卡是拥有少女心的都市女白领的大爱，白色奶油淋上红色树莓汁，十分漂亮，恰到好处的甜蜜分外容易让人陶醉，店里特制的Cream制作时会加一点点酒，待酒精完全挥发后，酒的香味却依然留在奶油中，这样喝起来才不会太腻。

　　和一般咖啡馆提供的厚饼皮披萨不同，W.Coffee的多提亚披萨的饼皮薄如纸片，让人啧啧称奇，这是一款地道墨西哥风味的披萨，上面不仅有各种香烤的肉类、品种丰富的鲜蔬，更采用新西兰进口优质芝士，在薄饼上铺至少两种芝士，拉出的丝绵长有弹劲，味道更是香浓馥郁，令人爱不释口。

咖啡馆资讯　■ 地　　址：广州市天河区天河路236号广梅汕铁路大厦首层
　　　　　　　　■ 电　　话：020-85263220

2013年，醒觉咖啡北京店在雍和宫五道营甫一开业，便在北京文艺圈爆得盛名。相比之下，醒觉咖啡在广州的老店就显得没那么轰动了。其实，这个在天河南一路默默驻守了六年的咖啡馆，其文艺气息要更加浓厚一些，它小而私密，仿佛某位闺密的小窝一般，梦幻气息，舒适难忘。

醒觉咖啡
——非著名森女系纯真博物馆

咖啡馆特色

◎ 从世界各地收集来的古董杂货

◎ 咖啡花式多，奶茶尤其独特出色

◎ 有自创品牌的护肤品

安守小区六年

醒觉咖啡不在大街旁，而是在天河城背后的小巷里。六年前，海归女孩阿木创办了这间小店，一个人包办了店面的设计和装修，那时朋友们都以为她开店只是一时心血来潮，而安静内向的阿木看起来也不像个会打理生意的人。谁也没想到，在店铺走马灯一般转手的天河南一路，醒觉咖啡店一开就是六年，阿木的生意甚至做到了北京。

去年，醒觉咖啡又租下了紧邻老店的一处门面，并将外观重新装修，门前铺上做旧木地板，短木篱，两处门面分别刷成蓝色和米色外墙，白色欧式木质双推长窗，再配上绝对复古风的店招，浪漫、娴雅的古典气质款款流溢，散发出"正统意式咖啡馆"里独特的艺术气息。

咖啡馆的英文名字叫"Touch women"，而中文的"醒觉"一词又不免流露出些许叛逆意味，阿木说她觉得不管任何时候，女人最重要的就是独立、清醒、热情。醒

醒觉咖啡馆外观

店内空间不大，但很有味道

觉，意味着能够清醒地察觉自己，醒觉然后随心，这是女人无论在何种年龄都应该有的一种状态，也是她开办这家咖啡店想要表达的内心感念。

"盛放时盛放，枯萎时枯萎，让该发生的发生。爱每一种经过、每一道皱纹。醒觉，然后随心。"这是印在店里的自创化妆品包装上的一段话，出自阿木之口。阿木于1986年出生，却对生命有着如此力度的参透，让人惊讶。

纯真博物馆

说醒觉像个古董杂货铺，其实说的是它的老店。推门而入，复古洋娃娃、小摆件、旧照片，颇有复古文艺情怀。隔板上、柜子里满是阿木从世界各地收集而来的各种小玩意儿，有一面柜子里甚至摆满了各种Vintage大牌包包，精细的花纹座椅、纱质窗帘，绅士淑女在此处相聚，都可以借着这儿的景致拍一组欧式大片儿。

对于阿木来说，这间咖啡馆是给她自己，也是给所有女生的一间"纯真博物馆"——她悉心收集起心爱的一切，她爱过的，甚至是她触碰过的一切，那些玻璃瓶、小狗摆设、发卡、烟灰缸、耳坠、纸牌、钥匙、扇子、香水瓶、手帕、胸针……将它们珍藏进这方小天地，这是一个女子最柔情的部分，依恋着这些浸透了深切情感和记忆的物件，还有什么比这更美好的呢？

1 | 2 | 3　　1. 有不少书籍可供阅读
　　　　　　2. 主人家的各式收藏
　　　　　　3. 这个角落适合情侣或闺密约会

而醒觉的新店味道就更像位绅士，饰品少而精致，风格沉郁。昏暗灯光下，宽大的沙发，古朴的桌椅，满架翻得卷边的图书，走廊里踩上去会咯吱咯吱作响的地板，整个色调幽暗深沉，即便有一点酒吧的元素，也绝对不显得浮夸。

口味独特的奶茶

醒觉用的都是Illy牌子的拼配咖啡豆。阿木认为，除了Illy咖啡以外，全世界再也找不到另外一家咖啡公司只生产单一配方口味的产品，从几十年前开始至今都没改变过。Illy中度或者浅烘焙的咖啡豆，正适合中国人不喜苦涩浓郁的口味，而它纯正的意大利风味，令咖啡如天鹅绒一般顺滑，口感丰富。

醒觉还有几款奶茶也是值得推荐的单品

清迈清晨奶茶和黄昏奶茶，两杯奶茶一起端上来时，我就发现清晨是淡绿色的，黄

　　昏带点金色，不是茶粉加奶精、街边五元或十元一杯的那种奶茶。阿木希望借此告诉客人，奶茶也可以如斯精致，泰国清迈进口的茶叶带有麦子的味道，这些香气都是茶叶原来的味道，没有任何添加，阿木只是找到方法让茶叶与奶、水、糖美妙结合。

　　醒觉独门岩盐芝士绿茶，上面有一层薄薄的奶油，下面是热的绿茶，咸咸的奶油有种肥而不腻的口感，略带咸味的饮料带来一份与众不同，奶油很轻盈，很肥美，咸味更能突出奶油的香，下面的绿茶很清爽，奶油将茶的青涩和苦变得更加柔和。喝这款茶绝对不应该用吸管，抿一口咸咸的奶油，然后一股清凉的茶水混进来，绵柔又清新的感觉，不像奶茶那般厚重，却又比清茶多了一份香浓，有一种口味交错的复杂快感。

咖啡馆资讯　　■　地　　址：广州市天河区天河南一路六运二街23号102室

　　　　　　　　　■　电　　话：020-85692021

禧艾咖啡
——充满甜蜜的咖啡馆

禧艾咖啡有个法文名字叫Chéris，意思是"亲爱的"，只是听名字就已经充满了甜蜜感。法国甜品师Lloyd Hamon为了爱情来到中国，和他心爱的姑娘Kiwi一起创办了这家咖啡店。这里有香浓咖啡，更有坚持用传统手工制作的纯正法式甜品和"有生命"的面包，香脆教堂布丁、软浓歌剧院、华丽马卡龙、缤纷草莓挞……仿佛一件件手工艺术品。

咖啡馆特色

◎ 纯正法式甜品让小店充满浪漫甜蜜情调

◎ 拿铁咖啡出色

◎ 各种口味的雅曼系列茶品

将法式浪漫进行到底

Lloyd和Kiwi的店创办于2010年，在建设六马路上驻守了将近四年，2015年年底搬进了位于广园东瘦狗岭的Cabben大厦一楼。不久之后，禧艾又陆续进驻了上海、苏州、石狮的卡宾33号概念馆，扩张速度惊人。

对于许多都市女生来说，最开始吸引她们走进禧艾的，一定是店外那一面大大的梦幻巴黎主题橱窗——地标性的埃菲尔铁塔，蓝白色热气球飘荡在天空，摩天轮、香榭丽舍的街景，挥舞着魔法棒的小仙女，甜蜜马卡龙堆成的塔，犹如动画片里的童话世界。

推门而入，小小的店内空间布置简洁，却处处流露着法式风格。一整面墙的陈列柜里，摆满了Lloyd和Kiwi特地从国外带回来的全套Johnson Brothers餐具，沙发桌椅配着盛开的桔梗，旋转木马四周簇拥紫色薰衣草和绿色藤萝，乡村风格的纯白花园桌，

咖啡馆外观

椅子和墙壁的颜色都是特制的马卡龙色，柠檬黄、紫色、森林绿、绿松石色、蜜橘色和粉玫色，一场盛大的撞色游戏。巧妙而又讨喜的小伎俩，让禧艾显得闪亮明媚，清甜无比，充满了棉花糖般的温柔，令人想起电影《绝代艳后》中导演索菲亚·科波拉打造的那个马卡龙色的凡尔赛宫，宛若梦幻的洛可可花园。

近乎完美的法式甜点

禧艾所营造的法式浪漫，有优雅，却没有繁文缛节，没有滤勺或者华丽的三层盘，只需一杯浓度刚好的expresso，一个气味清新的草莓挞。

Lloyd毕业于巴黎最著名的厨艺学院葛雷高·费朗迪（Gregoire Ferrandi），有他坐镇，禧艾的出品从不缺乏创新，特别是甜品，造型精致，做工繁复，食材讲究，口感多变，几乎每一样都可以获得满分。在这个快速消费的时代，Lloyd依旧放慢脚步，坚持用无添加的纯天然材料，对甜点从选材到加工制作的每一步都有着近乎完美的苛刻要求。

六层欧培拉（也叫歌剧院蛋糕），一款有着数百年历史的经典蛋糕，夹加咖啡糖浆和巧克力爽的杏仁奶油蛋糕，有着冲破感官的味觉交响，咖啡糖浆、巧克力酱和杏仁海

薰衣草和马卡龙色的椅子共同构成烂漫美好的空间

鲜花盛开，气氛温馨

绵蛋糕的乐章此起彼伏，在你的舌尖缓缓吟唱，让你由衷地兴奋和感动。一口下去，咖啡和巧克力的绵柔醇香夹杂杏仁蛋糕的松软，在嘴里层层化开，如梦如幻。

舒芙蕾，材料只是鲜奶和蛋白，隔水烘烤，烤好的舒芙蕾口感轻盈如云朵，入口似有似无，却满口乳香。舒芙蕾烤好20分钟左右就会完全塌陷，无法品尝，稍慢一步，便错过了它的美味，就像一个美好又缥缈的梦，一不留神就转瞬即逝。

焦糖布丁，上层是琥珀色酥脆的焦糖，吃时用小银勺轻敲表面，焦糖片破碎，将下面热热的蛋奶布丁和焦糖片一起入口，醇香滑嫩，妙不可言。

对生活的要求极致又傲娇

女主人Kiwi，是一个东北女孩子，舞蹈专业毕业，在做了几年舞蹈教师之后，突发奇想，只身前往法国学习烹饪，并在那里收获了一份甜蜜的爱情。

在法国生活多年，女主人Kiwi举手投足间也依稀透着一股法式随性和优雅，她笑着说自己对生活的要求极致又傲娇，就像禧艾的气质一样——它要求品尝玛德琳一定要像大文豪普鲁斯那样配以清淡的红茶，当这枚色泽金黄、贝壳状的小点心混入茶水，在口

<table>
<tr><td>1</td><td>2</td><td>3</td></tr>
<tr><td>4</td><td colspan="2">5</td></tr>
</table>

1. 橱窗里的马卡龙塔是法式甜品的经典
2. 法式蛋糕
3. 色彩艳丽的马卡龙适合配红茶和黑咖啡
4. 美丽的各式小饼干　5. 拿铁咖啡

中交融，就像是一枚炸弹投入了深海，瞬间爆发，愉悦之门从此打开。用来发呆的午后时光一定要伴着香颂（法国世俗歌曲），那些复古怀旧而又慵懒缱绻的情歌和经典爵士乐曲，已经成为法式风格的特别代言。马卡龙则必须小口品尝，其外壳薄而酥脆，牙齿刚碰到外壳，脆弱的马卡龙就开始碎裂，再轻轻地咬下去，内部却湿润、柔软而略带黏性，继续咀嚼，厚实的外壳搭配独特且丰富的内馅。Kiwi说，豪爽的中国人习惯了大口喝酒、大口吃肉，可如果我们一口一个马卡龙，既不配茶也不搭咖啡，当然会觉得它过于甜腻，只有让马卡龙的甜与咖啡或茶的涩、苦两相融合。就着慵懒香颂，马卡龙的甜腻融化在红茶之中，这，才是属于你的法式浪漫小时光。

咖啡馆资讯　■ 地　　址：广州市天河区瘦狗岭379号卡宾服饰大厦首层
　　　　　　　　■ 电　　话：020-83765086

深圳

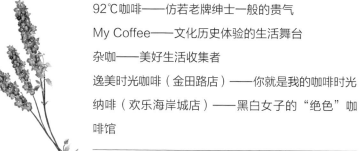

92℃咖啡——仿若老牌绅士一般的贵气

My Coffee——文化历史体验的生活舞台

杂咖——美好生活收集者

逸美时光咖啡（金田路店）——你就是我的咖啡时光

纳啡（欢乐海岸城店）——黑白女子的"绝色"咖啡馆

92℃咖啡

——仿若老牌绅士一般的贵气

92℃咖啡，应该算是深圳比较老牌的咖啡店了。老板Sabrina以前是电台主持人，后来跨界开了这家咖啡店，一开就是十几年。事实上，92℃咖啡的确有一股"老派"的执着劲儿——坚守南园路这种地方十几年不挪窝，十几年坚持只做咖啡不做餐（2015年也开始有少量简餐了）。我喜欢92℃咖啡，是因为现在不做作又显得很讲究的咖啡厅已经很难得了。

咖啡馆特色

- ◎ 美国乡村别墅式的环境
- ◎ 拥有品种丰富的单品咖啡
- ◎ 店里有一面很大的书墙
- ◎ 体贴到极致的服务

"老派"咖啡馆的贵气

92℃咖啡所在的南园路，在深圳应该属于很不"文艺"的一片街区——这里紧挨着上步工业区，早些年无论是商业，还是文化业都不很繁荣，不知道店家当初出于何种考虑选址于此。但令人惊奇的是，92℃咖啡竟然在此坚持了十几年，初衷不改，并且在深圳的文化人群里打出了自己的名声。

咖啡馆开在一栋写字楼的一楼，门脸外墙漆成了砖红色，外墙上几扇木质欧式双开窗，黑色窗棂衬白色内窗，显得格外素净，而墙上"92℃ Coffee Club"的招牌，则更是字体简单，几无花哨装饰可言。

推开玻璃门走进去，第一感觉是空间特别开阔，这里的天顶挑高达5.6米，却只在最靠里边的一角搭了一个阁楼，因而显得十分开敞，置身其间绝对不会有局促之感，

咖啡馆外观很朴素

灯光和书总是让人安心

1. 温馨而安静的小角落
2. 楼梯旁的照片墙

相反，由于挑空设计而看起来大气阔绰，身份感十足。

　　墙壁上的超高美式推拉窗是个亮点，窗户高度超过4米，细长狭窄，线条简约硬朗，搭配的双层落地窗帘是酒红色棉麻搭古董白纱帘，没有多余的帘头装饰，显得雅致而干净，白天的时候，帘幕轻挽，淡淡阳光透进，别有一番美感。

　　配合空间设计，咖啡馆里的家具也是尺寸宽大、色调沉着的美式古典风格，原木色方几、敦厚皮沙发或是加布艺的实木沙发，给人一种贵而不露骨的感觉，更显稳重优雅之美。

　　阁楼位于咖啡馆后部，只占了空间的一小部分。沿一道黑色木楼梯上去，楼上的格

一杯简单美味的卡布奇诺

局像极了家居客厅，樱桃木桌椅柜子，散乱放置于地毯上的书，壁炉前的亚麻抱枕和布艺玩偶，让人仿佛听到了孩子的欢笑，还有老朋友们的愉快交谈。楼梯旁是一面大约2米高的装饰用清水砖墙，墙面上挂的全是美国老电影和老影星剧照，《乱世佳人》《教父》《罗马假日》《雨中曲》、希区柯克、玛丽莲·梦露……驻足凝望，顿觉时光太老，人生太清瘦。

从眼到口到心的惬意

平心而论，咖啡馆之于中国人，总是有点疏离感的，所以现在的咖啡馆开始出现两极分化，或走千奇百怪个性装修路线，或走简单平价甚至有外卖窗口路线，地道咖啡馆对于环境很本分也很自然的追求也因此而异化，像92℃咖啡这样不做作又显得很讲究的咖啡馆已经很难得了。

92℃咖啡南园路老店，在2015年8月之前都是不做餐的，Sabrina在海外流连多年，一手操持的小店也由着一股小女人的性情，怕的就是出品不正宗砸了自己的牌子。如今，她开始慢慢添加餐品，不管是出于成本考虑还是太多熟客游说所致，我都相信她应该是有备而来，因为体贴到连餐具、甜品勺都分男、女款。男宾用方盘，图案是蓝紫色碎花；女宾则是圆盘，布满娇俏的粉色花朵。甜品勺的陶瓷柄也依法炮制，简直把心思用到了极致，让人完全有理由相信，哪怕吃的只是家常小菜，也都凝聚着主人家的全部心意。

92℃咖啡馆的单品咖啡很出名，顶级蓝山、特级炭烧、Cubita、科那、曼特宁、哥伦比亚、哥斯达黎、洪都拉斯、危地马拉……因为用原产地出产的单一优质咖啡豆磨制而成，所以有强烈的特性，口感特别，炭烧焦苦甘醇，蓝山香醇回甘，Cubita细致顺滑，哥伦比亚酸中带甘，每一杯都令人齿颊留香，回味绵绵。由于成本较高，因而价格也比较贵，比如一壶特级炭烧售价是88元，而顶级蓝山则已138元。

咖啡馆资讯
- 地　址：深圳市福田区南园路72号商铺
- 电　话：0755-83629008

香港著名室内设计师高文安的My Coffee，最早开在华侨城创意园，后来又在欢乐海岸城开了分店。到底是设计师主理的咖啡馆，满满都是设计感。高文安最为鲜明的设计风格，是将异域文化与东方美学完美结合，加上西方的科技及舒适特质，创造出独特的体验。在My Coffee消磨时光，可以是一次清幽的静谧独享，也可以是热闹非凡的视听盛宴，无论哪种，都让人难以忘怀。

咖啡馆特色

◎ 充满设计感而又舒适温暖的环境
◎ 有各国艺术品，包括后现代主义的
    绘画和雕塑作品
◎ 晚上有"酒吧时段"

富有情感张力的文化互换地

My Coffee是高文安"My"系列中的一个，这个系列目前在深圳有咖啡馆My Coffee、面馆My Noddle、健身房My GYM、美发沙龙My Hair和花艺My Floral。后来，高文安将这一系列移植到武汉，并且增加了面包房My Bakery、酒吧My Martini、冰激凌My Gelato和西餐厅My Pasta。

已故香港著名填词人黄霑曾经说过，高文安三个字，在香港就是好品位的代名词。又有人说，My Coffee的文艺气场已经嚣张到了房檐屋顶——园林式的外饰生机勃勃，黄色的灯光洒落在宽大的玻璃幕墙上，红色的"My"系列招牌尤为醒目，红色鸟巢创意吊灯、葱绿吊兰，强烈的色彩撞击点亮了整个视觉空间。

一进门就能看见一台德国古钢琴，古韵气质浓厚，据说已有300年的历史，钢琴上

咖啡馆外观

二楼玻璃幕墙上的装饰引人注目

摆着高文安自己的几幅素描和一帧照片，照片上的他一身短打扮站在甲板上，身后一派海阔天空。

　　有趣的是，和德国古钢琴相邻的，是一张中式乌金木长案，木纹清晰，甚至连结疤也原样保留，搭配几个敦实、沉厚的橡木墩，更显得古风淳厚，韵味悠长。一转眼，墙角悬挂的却又是北非风格的灯饰。阿拉伯文化与新潮的西方文化并存，造就了Mix&Match的独特风格，色彩鲜艳，装饰华丽。

　　一楼还有很多中西风格的艺术摆件，有来自南美秘鲁的Silver Elephant盾牌、仿大英博物馆的马头雕塑、尼泊尔佛像和印度尼西亚的木雕鸭子，甚至门口随意摆放的一个瓦缸都仿佛很有意境的样子。高文安已经将咖啡馆变成了文化历史体验的生活舞台，而且为了保持大家的新鲜感，店内大约每隔半年就会转换室内场景。

美好的设计师书店

　　一楼有一面墙，墙上唯一的装饰就是书，涵盖了各种设计和艺术类图书。许多年轻的设计师会在固定的时间来到这里，倚坐在宽大的圈椅里，捧一杯热热的Espresso，

高文安似乎很喜欢长条案几，这里搭配的是几盏北非摩洛哥风的吊灯

读书或许欣赏艺术品。设计师们的美好时光就该这样度过。

沿黑色金属楼梯上到二楼，这里的空间更开敞，风格也和一楼大体相同，天顶横梁上悬挂了好多面形状、大小各异的铜鼓做装饰。落地长窗上张挂的却是一幅巨大的希腊人体雕塑的图片，女神袒露着健美的身体，正在榻上小憩。另一面窗上的绘画展现的是意大利Palermo的市容，"凡见过这个城市的人，都会忍不住回头多看一眼"。

相比起一楼，二楼更像一个设计书店，这里也有各种设计类和艺术类图书，全部是英文原版，在国内难得一见，它们都是高文安从世界各地买回来的。高文安曾经说过，当初开办这个咖啡馆的目的，主要是想利用自己的号召力将国内年轻的设计师聚集起来，给他们一个与外界接触、吸收新资讯的机会。

快快乐乐"叹"咖啡

My Coffee的主角自然是Coffee，主打的还是意大利原装进口的咖啡，高文安的员工中有不少是菲律宾人，当初招他们进来是因为高文安觉得菲律宾员工的性格比较开朗，喜欢笑，而且他们也很肯唱歌，很符合My Coffee健康、年轻以及感性的形象。

长条木案上方的西洋吊灯和复古工业灯相映成趣

1 | 2 | 3   1. 咖啡馆一角
             2. 古钢琴上摆着高文安的照片和自画像
             3. 二楼天花板上的铜鼓装饰

　　在My Coffee，咖啡可以免费续杯，这里的杯子做得比星巴克要小很多，但其实杯子小的原因并非为了节省成本，而是因为高文安觉得一下子倒上满满一大杯，搁多一会儿，咖啡就会变冷，变冷的咖啡又怎么能好喝呢？

　　为了让到店的每个人品尝到他们最喜欢的咖啡，高文安逐一尝试了十多种味道的咖啡配方，从口感和味觉上去判断到底哪一些会比较适合中国人的口味。My Coffee会提供六种不同的糖和五种不同的牛奶来调制花式咖啡，从而让客人有更多、更好的选择。

咖啡馆资讯　■　地　　址：深圳市南山区华侨城创意园东部工业区F-1栋
　　　　　　　　　　　　　　104号
　　　　　　　■　电　　话：0755-82998288

杂咖

——美好生活收集者

杂咖给自己贴的标签是集咖啡、葡萄酒、美食、欧洲古典家居和手工艺品于一体，提倡无国界美好生活方式。来到杂咖，无论是庭院里翠色满眼的绿植，还是室内来自世界各地的各色物件，都让人有点眼花缭乱的感觉。在这里，你既可以享受醇美的意式咖啡，又可以选购心仪的创意杂货。当然，前提是钱包里的钱不能太少……

咖啡馆特色

◎ 跨界集合咖啡馆

◎ 全场欧式古董家具

深圳最著名的跨界集合咖啡馆

很难用一句话来描述杂咖——有美食的古玩铺，有花店的私货市集，还是有超多年份红酒的咖啡馆？我只能说，现如今跨界的概念越来越流行了。

但是我不得不承认，杂咖有着超高的颜值，360度无死角的美，它似乎有一种魔力，让人看上一眼就忘不了，忘不了店内琳琅满目的欧式古典家具、各种手工制品、酒架上的醇厚红酒、慵懒蚀骨的音乐，还有沙发上的猫。

从杂咖门前经过，会以为这是一间花店。一栋几百平方米的建筑，前前后后都被植物包围着，门前花团锦簇，连店招也几乎埋没在花丛间，华侨城静谧的街道上，忽然就有了欧洲街头的感觉，这让我开始想象店里面的浪漫与精致。

店内装修其实是典型的工业风+复古风，和门前的柔美气息风格迥异。空间不算特别大，但设计师却大胆用料，比如在硬装上设计应用了仿古玻璃、扪布、金属网片、木饰面、红砖、大理石等不同材质，多种质感的材料混搭得天衣无缝，再配上店家心仪的

杂咖 | ZACUP
A Wonderful Life Collector
美 好 生 活 收 集 者

喝意式咖啡 | 尝经典美食 | 淘欧洲古董

听迷你音乐会 | 办主题派对

咖啡馆外观

1 | 2 | 3 / 4

1. 咖啡馆一角
2. 琳琅满目的红酒架
3. 在一大堆古董、杂货的陪伴下消磨一段慵懒时光
4. 这里的每一样东西都标注了价钱，喜欢的话可以当场买走

收藏品，别有趣味。

咖啡区和吧台之间用四面古董红酒柜隔开来，咖啡区本身又由各式玄关柜、分割成大小不一的几处半开放式空间，真皮高背沙发、田园碎花座椅、意大利高背丝绒对椅、宫廷式长沙发……坐着法国拿破仑时代的椅子，背倚着印度的印花飞毯，听着考究的古典钢琴，这就是杂咖的一种休闲方式。

而说到店内摆件，就是典型的free style了，老旧打字机、生锈的圆号、造价高昂的各式古董钟表、复古风首饰、配饰、餐具，甚至一柜子的洋娃娃，都随意摆放在桌椅之间的展示柜里，或者就干脆放在桌上、挂在墙上，自在随意，看似未经刻意安排，却显

得无比和谐。实际上，杂咖最大的特色就是店内所有家具和摆件不仅仅作为装饰，也等着喜欢他们的有缘人将其带走。

把时间浪费在美好的事物上

后来我才了解到，杂咖在荷兰有一个专门的古家具收购部门，专门负责在全欧洲范围内收集宝贝并运回国内。一件好的家具，不只是一件平常的生活器物，它同时也是历史文化的浓缩，透过它，你可以揭开一段历史，品鉴一种生活，了解一种文化。

1 | 2　　1. 恰到好处的绿植点缀让整个空间充满活力
　　　　2. 乍一看仿佛穿行于货架之间

　　除了一屋子古董，杂咖还有咖啡，而且连它的咖啡杯托都是荷兰手工制造的。
Latte和荷兰焦糖蜂蜜饼是下午茶的绝配，薄薄松脆的焦糖华夫饼中夹着一层蜂蜜，把
蜜蜂饼放在咖啡杯口，这样咖啡的热气就会把中间凝固的蜂蜜糖浆加热融化，一口咬下
去，还有黏黏的蜂蜜糖丝，满口甜蜜，仿佛能将整个心都甜化了似的。

　　还有一款叫作"满血复活"的果汁，其实是由甜菜根、苹果、橙子和胡萝卜混合而
成的鲜榨果汁，甜菜根味道甘甜，而橙子的酸味能有效减少甜菜根的土腥味，苹果的清
香和胡萝卜的顺滑口感，使整杯果汁的味道达到平衡。品第一口会有些许奇怪的感觉，
再多喝几口，细细感受其中的滋味与层次感，就会爱上这个味道，这绝对是一种美好的
体验。

咖啡馆资讯　■　地　　址：深圳市文昌街华侨城创意文园北区B2栋一楼
　　　　　　　　■　电　　话：0755-86705578

逸美时光咖啡原先的英文名字叫"You My Coffee"——你是我的咖啡，我很喜欢这个名字，就像咖啡馆的官网上写的那样：当你和伙伴共享咖啡时，其实你品味的不仅仅是咖啡，还有对方那份悠然自得的心；当你独自享受咖啡时，你品味的是你自己，审视和感受内心真正的你。如今，店名改成了EMAIL COFFEE，多少有点飘忽感，但好在，那份吸引我的格调、氛围一直没变。当整座城市都上紧发条时，我知道还有这样一处地方，能让我觅得一段真正属于自己的安逸时光。

逸美时光咖啡（金田路店）

——你就是我的咖啡时光

咖啡馆特色

◎ 四层独栋空间，宽敞而宁静

◎ 传统欧式复合型休闲咖啡馆

◎ 特色咖啡和轻食、甜点都可圈可点

美其食必先美其器

这家逸美时光咖啡总共有四层楼，一层摆放了许多宽大的沙发和长条实木桌，适合朋友聚会或"头脑风暴"之类的聊天；二层空间较私密，大部分是二人座，适合闺密或情侣低声私语；三层有投影和桌球台，用于公司茶会兼Happy Hour是不错的选择；四层是个小清吧，只在晚上营业，有民谣弹唱，还有高颜值的调酒师，晚上来这里跟朋友吃吃饭聊聊天，应该是一件惬意的事。楼下还有户外座位，一长溜被花草绿植环绕的木桌椅和遮阳伞，很有点欧洲街头咖啡的感觉。

逸美咖啡显然深谙都市白领是时尚的制造者与追随者，"美其食必先美其器"对这个人群尤为重要，因而在店内氛围的打造上可谓下足了功夫——红砖、古木、老桌椅、各式吊灯……既不张扬，也不愿刻意低调，精致简约，自然亲切，所有的材料、构件、元素组合在一起，协调得超乎想象。

咖啡馆外观

　　店内的装修处处呈现出材料的本色，从桌椅、墙壁到书架、楼梯甚或围栏，无一例外是原木或清水砖色调，没有涂抹任何颜色，有几面墙壁直接裸露着水泥，只用清淡涂鸦做了装饰，一切都显得那么自然朴素，纯净舒适。那里有在柔和灯光下浅谈或阅读的人们，有各种半旧的物件，有人人都喜欢的杯子碗碟，还有一种说不清道不明的感觉，让你仿如置身于某种情境，而后一缕思绪便莫名地蔓延开来……

细腻精致的韩系咖啡馆

　　2014年10月，逸美时光宣布签约韩国影星安宰贤为形象代言人，安宰贤曾经在《来自星星的你》中饰演千颂伊弟弟一角，被粉丝亲切地称为"国民弟弟"。逸美时光也由此更加明确了自己"韩系咖啡馆"的营销路线，精致唯美、细腻多情，注定要成为它的标签。

　　到目前为止，逸美时光咖啡馆的产品有近100种之多，几乎超过欧美系咖啡店品牌的三倍，产品结构侧重于咖啡以外的饮品。这是逸美时光的聪明之处，简餐、轻食、甜点成了它抗衡欧美系咖啡馆的"利器"。

楼梯下的小空间

1 | 2　　1. 咖啡馆一角
　　　　2. 红砖墙、华丽吊灯与厚重桌椅的组合

　　当然，它的咖啡也毫不逊色，提拉米苏拿铁、焦糖玛奇朵、冰红莓摩卡、冰榛果焦糖拿铁……咖啡香醇，奶香浓郁，咖啡中融入了甜品的细腻口感，再加上点缀品的可爱，每一样都卖相讨喜，直接戳中都市年轻人的兴奋点。推荐焦糖玛奇朵，淋焦糖的方式是七横七竖两个圈，这样淋上去的焦糖看上去像华夫饼一样的格子，非常精致可爱。更重要的是，无论从哪里下嘴都能喝到焦糖，可以成功避免最顶上一层咖啡油脂和奶沫混合后的强烈苦涩感。当焦糖、奶泡、咖啡顺次入嘴的一刻，甜蜜、饱满、丰富、均衡，味蕾的满足之感无与伦比。

1 | 2 | 3

1. 店内向客人展示的咖啡文化
2. 冰激凌松饼
3. 特色沙拉

　　逸美时光的轻食和甜点更值得落下重重的一笔。抹茶松饼，摆盘非常精致唯美，让人几乎不忍下口吃掉；上面撒有糖粉，随餐又附赠麦芽糖，果然是要将甜蜜进行到底；松饼一份有两块，每块都很厚实，比一般的松饼厚两倍。入口便觉麦香和蛋香盈口，滋味满满，蘸上旁边的冰激凌球，让冰爽感觉融化在口中，清新无比。这款抹茶松饼比传统的松饼要清爽许多，而且热量很低，食用健康。

　　火腿芝士帕尼尼，逸美时光的帕尼尼绝对是一个人吃不完的分量，上、下两片面包厚实又足够柔软，中间夹着精选火腿和马苏里拉芝士。帕尼尼跟一般冷冰冰的三明治不同，一定要趁热吃，张大嘴结结实实地咬下去，面包香脆可口，风味浓郁，里面满满的芝士还能拉起长长的丝。要是觉得有些腻的话，伴碟的酸黄瓜片和清爽的沙拉可以用来平衡口感。

咖啡馆资讯
- 地　　址：深圳市福田区金田路水围七街178号西
- 电　　话：0755-23972919

纳啡（欢乐海岸城店）
——黑白女子的『绝色』咖啡馆

　　纳啡（La Café）是由时装设计师来芮一手创办的咖啡馆，就像她的时装品牌La Pargay一样，从一开始就带着强烈的个人色彩——La pargay坚持黑白系列15年，极简、纯粹。La Café，这个以独特而高雅的艺术色调赢得口碑的咖啡馆，堪称深圳咖啡界的"绝色"。

咖啡馆特色

◎ 临湖的独栋别墅，有出色的水岸景观

◎ 1500平方米超大空间，中西元素时尚混搭

◎ 创意咖啡品种丰富，口味独特

◎ 常常有各种优惠套餐，价格亲民

黑白女子的美学观

　　2015年10月，第二十届中国国际时装周春夏发布会，来芮携La pargay "黑白力量·多元摩登"在北京798艺术区以首秀身份亮相，并最终荣获"十佳设计师"奖项。

　　"极致、简单、纯粹，我的设计美学。La pargay，不仅只有黑白，更多的是一种用最简洁的言语，表达我们的态度，有柔软、有盔甲。15年，在不变中不断变化，在La Pargay 黑白不是一种色彩，是在色彩之外的永恒。"

　　而在La Café，来芮依旧坚持着自己的美学观念——廓形简约但极富设计细节，处处透露出利落、率性与现代美。

咖啡馆外观

　　La Café在深圳有三家店，装修风格一脉相承，强调自然色调，复古又现代的钢结构，刚硬与柔软相遇，现代艺术与原生态的碰撞，中西元素的时尚混搭，营造出非凡的体验氛围。

生出几分贵族情结

　　欢乐海岸城店是La Café三家店中面积最大的一间，也是La Café的旗舰店。咖啡馆在曲水湾环水街区内，一栋1500平方米的独立别墅，静静伫立心湖岸边。这里的外部景观颇有些岭南园林的韵致，小桥流水，庭院步道，绿树簇拥，碧水环抱，如此环境之下，La Café那一整面朱红色莨苕叶纹镂空铁艺花墙就显得卓尔不群，特别吸引眼球。

　　La Café的大堂是出了名的"水灵灵"——一整层展示柜都摆满了盆栽，郁郁葱葱，十分养眼，如此便让店内的钢构主调忽然就有了柔软气息，加上朱红色复古吊灯、

咖啡馆吧台

吧台上由植物裁剪而成的翠色小鹿生机勃勃

水绿色泼墨墙纸、各式布艺靠枕，优雅华丽冶于一炉。

La Café还有一线绝佳的湖景，临水长廊特别适合摆造型拍照，水中央还有几个造型特别的包厢，四面墙都是莨苕叶纹镂空铁艺花墙，室内陈设华丽端庄，帘幕低垂，华灯初上，点点光晕自墙内渗出，仿佛暗夜水中独自绽放的花朵一般，说不出的美丽和神秘。沿旋转木梯上到La Café二楼，这里有超大露台，里面摆放着宫廷风长条实木桌，安坐于此，品一杯拿铁咖啡，眺望远方城市灯火盛景，心底分外宁静。

再来一杯"哈烧茶"

和通常的咖啡馆一样，La Café的日常供应有各式经典咖啡、特色咖啡，各种混合果汁和茶饮，饭点时段还有简餐。

相比中规中矩的各式经典咖啡，La Café的特色咖啡更有味道，卖相和创意毫不违合地结合在了一起，颜值高而且口味佳，法国花式咖啡欧蕾、意大利马若奇诺、葡萄牙马克兰……特别喜欢La Café地道的欧蕾杯具，比一般咖啡杯略大，很敦厚的杯身，模样可爱。做蜂巢咖啡是先用摩卡壶调一杯纯正的曼特宁，置入冰水混合的大容器中，急速冷却，凝住香味，加入几滴枫糖，充分搅动，再将打好的奶泡厚厚地加在上面，最后撒上蜂巢糖，轻呷一口，仿佛尝到了一份相思的苦和深爱的甜。

茶饮里有一款名字很特别，叫哈烧茶，茶汤用好看的玻璃杯盛着端上来，颜色嫣

咖啡馆一角

1 | 2　　1. 一杯焦糖玛奇朵
　　　　2. 咖啡馆还有自己的形象偶人

红，闻起来有桂皮香气，入口又有水果酸甜。服务生介绍说此茶最利健脾开胃，听了让人不禁莞尔。"坐书斋，哈烧茶"其实是一句潮汕俗语，用来形容养尊处优的悠闲生活，茶是"烧"的，绝对不可牛饮，不然一口喝下去非烫烂嘴皮不可，因此喝茶之前一定要先悠悠然然地"哈"，吹去腾腾热气，方得慢呷细品，个中怡然自得，精细优雅，带给人无穷无尽的遐想。

咖啡馆资讯　■ 地　　址：深圳市南山区欢乐海岸曲水湾19栋
　　　　　　　　　■ 电　　话：0755-86526736

厦门

老友记咖啡
——20年光阴永存

似乎许多城市都会有一座"老友记"主题的咖啡馆，仿佛每个人在某一段岁月里都是属于《老友记》的。转眼间时间已流逝了20年，曾经爱过《老友记》的人却不曾遗忘过那一段阳光灿烂的日子。

20世纪90年代据说是全世界近几十年来最美的时光，那些年，似乎人生中充满的永远是阳光、友情、希望和未来。于是长大了的我们，总是一遍一遍地怀念那段日子——以咖啡馆的名义。

咖啡馆特色

◎ 充满情怀的美式风格咖啡馆

◎ 电视上永远循环播放着《老友记》

◎ 环境舒适，文艺气息浓郁

怀念青春梦一场

那是关于六个普通美国年轻人的平凡故事，却让整整一代人如痴如醉。《老友记》的魅力在于对生活本真的还原，拒绝谈什么事业，也不在乎什么梦想，只是简单快乐地度过生活中的每一天。享受友情，享受温暖，享受快乐，享受自由，这或许是每个人潜意识中最渴望的生活，于是这剧情激起了人们心中最真挚的情感。

这样的简单只能属于20世纪的90年代，那是一段不平凡的岁月，在时光的纪念册中书写了一代人记忆中最美好的光阴。那时还没有物质崇拜，那时一切都充满希望，未来是新鲜的，世界是奇妙的。与其说人们在怀念《老友记》，不如说是在怀念它所象征的那段阳光岁月。

厦门的老友记咖啡藏在国贸海景公寓的背面，离轮渡不远，却不是游客出没的地段。咖啡馆的外观像是一家典型的美式餐吧，有深薄荷色的门窗、简单的桌椅和霓虹

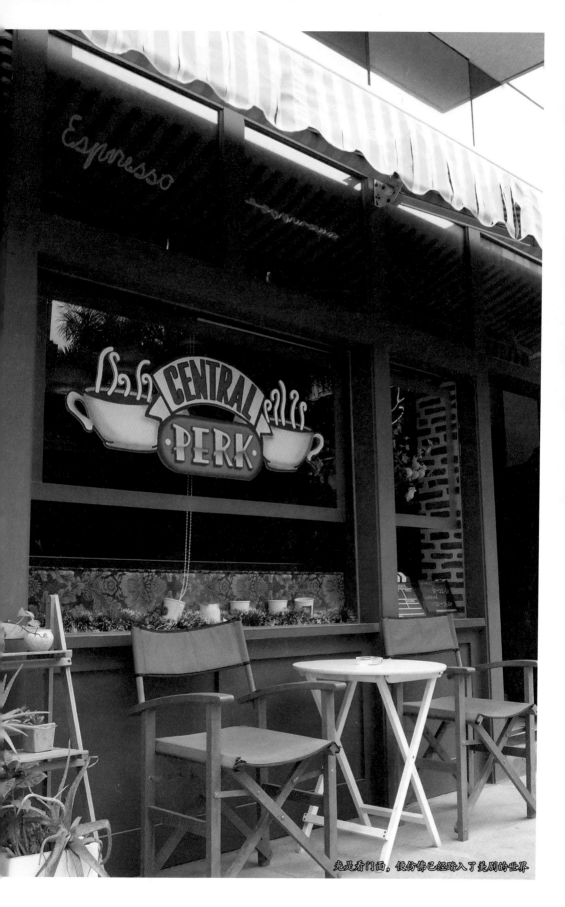

光是看门面，便仿佛已经踏入了美剧的世界

美式风格的布置

灯。一踏入老友记咖啡，就像踏入了一条不再流淌的河，仿佛那些年的温馨与烂漫刹那间回流到脑海中，经久不停地盘旋。大红色的绒布沙发、斑驳的墙纸、欧式台灯与花瓶、墙上老友记布景的油画，还有桌上的六人照片，仿佛能听到曾经的青春在呐喊——我们一直在这里。

靠近窗户处的深色斑纹座椅上放着一把古旧的木吉他，欧式壁柜上有一尊小小的自由女神像，而墙上挂着六个好朋友最经典的合照。许多人说，看到这一场景时，眼眶居然情不自禁地红了。又相见了，最美的时光！

相守是温暖的承诺

我在老友记咖啡馆的卫生间意外发现了一张照片，那是一张对于曼联球迷来说格外有

还原度极高的《老友记》布景

意义的照片，它几十年来一直摆放在老爵爷的办公桌上。老爵爷总是用它来教育年轻人，团结协作有着与生命息息相关的意义。后来在咖啡馆的照片墙上又看到另一张照片，我恍然大悟，原来六个好朋友曾模仿着这张照片里的情景拍过照，象征着友谊高于生命。

咖啡馆的照片墙上有许多经典的剧照，不，或许不应该用剧照来描述。它们更像是真正的照片，记录着六个年轻人的青春。这里分明就是他们曾经合住过的家，穿越了时光的限制，在这样一个角落里，默默守护着关于他们的一切记忆。

那张熟悉的橙色绒布沙发前挂着一台电视机，一遍又一遍，循环播放着《老友记》。在咖啡馆里常常会有这样的一幕，有人独自前来点一杯咖啡，坐在空荡荡的沙发上沉默地看着电视剧，直到店铺打烊才若有所思地离开。有时，也会有一群年轻人结伴而来，挤在沙发里看电视，因里面的对话而嬉笑。

咖啡馆的老板似乎早已习惯了这一切，站在吧台后面默默地煮着咖啡，看客人们来

$\dfrac{1}{2}$　1. 这面墙上的照片足以打动全世界
　　2. 让人留恋不已的咖啡馆

了又走，走了又来。岁月永不息止，而他依然日复一日地过着同样的人生，播放着同样的电视，以这样一种方式守护着他心中最爱的光阴。有一天他会老去，但电视里的那六个好朋友却永远年轻，如同我们遗留在过往的青春岁月。

一种走心的设置

老友记咖啡馆有两层，沿着梯子上楼时会看到楼梯处精美的布景——盛放着鲜花的花篮、迈克尔·杰克逊的公仔和红色邮筒。二楼的角落处放着书架，上面有全套的《冰与火之歌》，最下层还有不少英文杂志，在细节处打造出浓郁的美式风情。

墙上猫王和梦露的照片让人唏嘘，而另外一些好莱坞旧海报则营造出"黄金时代"美国梦的浮华。老友记咖啡馆的陈设并不奢华，但许多精致的细节做得极为用心，使得整体酝酿出深沉的文艺调性，像一壶陈年的美酒，不必饮，便可自醉。

咖啡馆里的光线比较暗，无论是独自沉思还是知己谈心都再合适不过，心情特别容易平静下来，让人情不自禁感悟生命里的忧伤，怀念多年前无忧无虑的岁月。咖啡馆的二楼尤为寂静，空气里散发出一股淡淡的恰似岁月沉香的经典气息。

老友记咖啡馆令人感动的不仅是它的主题，还有更贴心的服务。冬日里，女客人到店会获赠一杯红糖水；装柠檬水的瓷杯精致得像艺术品；可以免费使用的复古电话机。如此种种都让人在不知不觉中感受到店主的温柔，体会到"润物细无声"的情境。

我在厦门喝到的最好喝的冰伯爵奶茶是老友记咖啡出品的，其滋味甘甜浓郁，且散发着佛手柑的清香。厦门大大小小的咖啡馆很多，但能走入我内心深处并让我无法忘怀的，老友记便是其中一家。

咖啡馆资讯
- 地　　址：厦门市思明区鹭江道254号国贸海景公寓1楼
- 电　　话：0592-6606699
- 人均消费：40元
- 特色推荐：冰伯爵奶茶、瑞秋之吻、烤鸡翅

32HOW咖啡
——一弦一柱思华年

白墙、黑字、满墙的绿叶和艳丽的三角梅。华新路的32号，这座法式老建筑散发着特有的情调，这就是32HOW咖啡给人的深刻印象。如果说厦门有什么非去不可的咖啡馆，32HOW毫无疑问应当在名单中。

32HOW咖啡蕴含的元素是多元化的，它有一个传统风情的简约小院儿，也有优雅的红酒吧；有朴素得像是大学图书馆的阅览室，也有博物馆般精致的沉思室。在这里可以做的，不仅是坐下来喝一杯咖啡，还可以移步换景地观赏，感受生命中最美好的那些事物。

咖啡馆特色

◎ 专业的咖啡制作，有咖啡品鉴教室
◎ 图书阅览室很适合独自看书
◎ 院子里环境清雅
◎ 有自己的手作制品出售

院子里的冬日暖阳

华新路是一条美丽的街道，一幢幢法式老别墅整齐地排列着，32HOW咖啡就悄无声息地隐藏其中。倘若不是循着门牌号去找，人们很难发现这家咖啡馆，因为仅从外观看，它更像是寻常人家的花园，寂静安宁，生活的节奏舒缓如水。

32HOW咖啡的外墙和门窗都被刷成了白色，在阳光的照耀下，显得格外清新。茂密的三角梅占领了矮小的墙头，一片郁郁葱葱的绿色中开出桃红色花朵，芬芳艳丽。32HOW咖啡的花园很简朴，水泥地、黑白的桌椅和咖啡色的太阳伞，简单的绿色盆栽摆放在靠墙的角落，最引人注目的是巨大的英文白色石雕。

花园台阶上的座位最惬意，临着小小的一扇乳白色的百叶窗，漂亮的复古花纹瓷砖，舒适的皮质沙发，坐拥着院子里最温暖的阳光。院子还有一条石板铺砌的小路，通

大门口的招牌logo

咖啡馆藏在华新路的一排老别墅中

向花园的深处。野草从石缝里顽强地探出头来，努力开出几朵橘黄色的小花。转个弯才能看到院子背后的那堵红砖墙，与白色的主体建筑融在一起，有着别样的浪漫气质。

我来这里的那日是春节后第一天，客人稀少，院子里静悄悄的，偶尔听得到几声鸟鸣。坐在院子里的沙发上仰望蓝天，阳光懒洋洋地洒在脸上，说不出的柔和暖意。这种四周静谧，冬日暖阳中无人打扰的似水年华，难怪有人形容它"真像是沉睡时的鼓浪屿"。

当厦门许多原本如此宁静的地方变得喧闹时，难得在这里寻觅到了属于厦门最地道的安宁气质，分外沉醉其中。

关于时光的优雅画卷

室内大厅的设计低调华丽，有着浓郁的欧式复古风情。咖啡师的服务十分专业，若是点咖啡，会先将咖啡粉送过来给客人过目。32HOW咖啡以单品咖啡为主，调味咖啡较少。我走进大厅时，看到一对80多岁的老夫妇，穿着质地上乘的衣服，极为端庄地相对而坐，慢慢品尝着咖啡。他们的位置是用一台旧式缝纫机做成的餐桌，配上大红色的布艺沙发，远远看去，像是一幅经典的油画，记录着时光的动人痕迹。阳光从窗口透进来，洒在早已不再年轻的脸庞上，他们的态度优雅而从容，让人体会到岁月沉香的高

1. 仿佛间，百年前的尊贵气息依旧不曾逝去
2. 午后，阳光明媚的阅览室

坐得下很多人的花园长桌，可以开party

铺着地毯的角落，适合放松地休息

贵。这一幕属于厦门古老的风情，是这片土地上酝酿出来的文化。

走廊处照旧铺满花纹瓷砖，一个红棕色的古董柜上摆放着东汉击鼓说唱俑，使得原本寂静的空间顿时活跃起来，充满了旺盛的生命力。咖啡馆的二楼是不对外开放的，偶尔会举行有关摄影出版等主题的艺术沙龙，在厦门的小圈子里颇有名气。咖啡馆里也陈列了一些原创手作制品供客人选作手信，其中最受欢迎的是麻布背包。

由于是节后第一日开业，我想点的冰饮没办法做，服务生真诚推荐我尝试他们的单品咖啡。其实无须推荐，32HOW咖啡的名气在业内是备受推崇的，不过那几日咖啡喝得太多，便点了一壶伯爵奶茶。奶茶是现煮的，需要耐心等待，当服务生用洁白精美的瓷器将奶茶端上来时，一缕阳光刚好照射进来。一口温暖的奶茶，一个温暖的冬日，这便成了32HOW咖啡留在我记忆中挥之不去的剪影。

当下的良辰美景

一楼拐角处是红酒鉴赏室，墙壁刷成了优雅的深紫色，靠窗的一面墙上嵌入了整面的红酒柜，每个小格子里都放着一瓶红酒。角落处的位置放着两张灰色的布艺沙发，花砖

1 | 2　　1. 静谧角落里盛放着鲜花
　　　　2. 花园里窗下的位置最适合晒太阳

上铺着灰色的地毯，沉稳低调。茶几上整齐地摆放着几本书供客人随手翻阅，玻璃瓶里的干花碎片洒落下来，空气里弥漫着清幽的香味。另一侧的窗打开了，阳光毫无遮挡地照射进来，深橘色的皮质沙发呈现出复古的韵味，古老的铜制灯台静默地在角落里点亮灯光。

红酒鉴赏室的对面是一间特别的屋子，面积很小，有干净的木地板和陈旧的老木头桌椅。木桌的正中摆放着一块干枯的月牙状的老木，中间是一大一小两个松果。室内灯光昏暗，最亮的射灯恰好照射在这块老木上，像是博物馆里的展览品。这里只容得下一位客人闲坐沉思，如此的设计理念让人叹为观止。

而我最爱的是一旁的阅览室，浅色的木头书架铺满整面墙，各种书籍杂志随意搁置其中，一台古老的黑白电视机格外引人注意。阅览室是咖啡馆内采光最好的房间，明晃晃的阳光照得人眼睛都睁不开。我选择了窗边的木桌，那里简朴得像是在大学时的自修室。将背包放在一旁，在书柜里挑上两本书，静坐窗前，便是一出完美的致青春布景。窗外风景明媚，窗内沉寂无声，于我而言，再无比此刻更美的岁月、更值得留恋的光阴。

咖啡馆资讯

- 地　　址：厦门市思明区华新路32号
- 电　　话：0592-2916511
- 人均消费：80元
- 特色推荐：单品咖啡、伯爵奶茶、百香果提拉米苏

壹壹艺术咖啡

——出生活美学的艺术展

在曾厝垵、鼓浪屿和中山路上都挤满了游客的一天，我悄悄地去了湖里区的海峡设计文创园。文创园距离中山路约一小时车程，一路上几乎看不到游客的踪迹。那天早上，文创园里很安静，偶尔有几个在里面上班的白领经过，剩下的，便只有明媚的阳光与悦耳的鸟鸣。

与大部分追求小清新情怀的咖啡馆相比，壹壹艺术咖啡显得大气端庄许多，超大的室内空间呈现出浓郁的书卷气与艺术范儿。

咖啡馆特色

◎ 室内极为宽敞

◎ 有自己的艺术展览馆

◎ 与晓风书屋合作，提供丰富的图书

◎ 有不少新锐设计师的手作

新竹

壹壹艺术咖啡开在一栋现代主义红砖墙办公区的二楼，沿着散发着工业气息的不锈钢梯上楼，一眼便能看到壹壹艺术咖啡的大门，也一眼便可感受它的设计美学。

咖啡馆大门处的落地玻璃上运用了大量竹的元素，中和了工业美学蕴含的刚硬，平添了几分清雅与淡泊。而这仅仅是一个开端，真正踏入壹壹艺术咖啡馆内，会惊叹于这种竹元素的无处不在，沉醉在设计师极富创造力的美学理念之中。巨大的、挑高的室内空间里，靠着外侧的整面落地窗和天花板上，都加入了设计师从龙岩特意采购回来的新竹。

阳光透过竹片间的缝隙洒落一地的光影，一条条、一根根，像是岁月的断章，婉约地表达着生命的诗意。

1. 宽敞自在的咖啡空间洒满清晨最明媚的阳光
2. 这样的阳光与氛围便是厦门文艺的存在

壹壹艺术咖啡在湖里文创园内赫赫有名

旧书

不久前，晓风书屋加入了壹壹艺术咖啡的运营，为咖啡馆提供可供阅读的书籍。壹壹艺术咖啡的铁艺书架极高，特意做旧的锈斑呈现出岁月的痕迹。书架下方更多摆放的是新锐设计师们的手工作品，雕塑、陶艺、画作，不一而足。而书籍则搁置在书架的上层，种类十分丰富，以历史、哲学、随笔为主，坚持着晓风书屋一贯的品位。

壹壹艺术咖啡原本是以美术雕塑为重点的生活美学展示馆，如今又多了藏书，在抽象艺术的空灵世界里增添了一份人文的充实感。美术凝固了时空的意境，而书籍则打破这一池似水流年，让岁月在此沉淀。

兼容

曾有人问壹壹艺术咖啡的设计师，以毛石、青竹、原木、书画等中国元素为主调的展览馆，为何不做成中国茶室，而是选择了咖啡馆。设计师说，来看展览的人，看过即

是因为晓风书屋的支持，壹壹艺术咖啡拥有丰富的图书

咖啡厅旁边有十分宽敞的艺术展览馆

走，而热衷于坐下来聊天的，则大多是习惯咖啡文化的年轻人。

东方文化以静为贵，咖啡馆却是提供给人们交流沟通的空间，设计师认为这两种文化理念可以在壹壹咖啡里实现兼容。

或是独自悄然而来，在展览室里沉默地欣赏艺术品；或是买杯咖啡坐下来，听听邻桌的年轻人对正在展出的"吴冠中版画展"的看法。在壹壹艺术咖啡里，任君自在，无拘无束。

咖啡馆资讯

- 地　　址：厦门市湖里区湖里大道10-12号华昌路海峡设计
  文创园4栋2层
- 电　　话：0592-5188222
- 人均消费：40元
- 特色推荐：芝士蛋糕、冰拿铁

即便在名店聚集的西堤一条街上，Seasons咖啡也显得与众不同。筼筜湖区域的风景自然是好的，绿树红花，碧海蓝天。干净漂亮的湖景道路上一栋欧式化的建筑物脱颖而出，白与黑的经典搭配里混合着粉红的清新，抢足了行人的眼球。

Seasons是咖啡馆也是花店，同时售卖自制香水。在阳光灿烂的午后走进Seasons，像是走入了一场美丽的电影。

Seasons咖啡
——天堂总是白色的

咖啡馆特色

◎ 出售干花、杯具和品牌香水

◎ 咖啡制作专业，黑糖咖啡很好喝

◎ 同时也是一家鲜花店，满室芬芳

白色浪漫

Seasons的花园是白色的，像是梦中的童话。白色的遮阳伞、白色的桌椅、白色的围栏和白色的花车，还有一片空灵的白色中那一抹粉红色的梦幻。白色桌上的白色花瓶中插着一朵粉色的玫瑰，白色单车旁的粉红色桌椅，绿藤与鲜花，阳光与轻风，Seasons白色的花园中飘荡着奇幻的芬芳。

站在西堤的湖岸上，透过矮小的灌木丛凝视这一片清新的白，像是Vera Wang的婚纱，充满丛林、小溪、明媚阳光种种富有童话色彩的梦幻元素，是最瑰丽的浪漫。

紫色迷情

咖啡馆一楼的桌椅都是白色不锈钢材质的，透明玻璃板下点缀着鲜艳的绿叶，白色

清新自然的设计风格吸引了行人的目光

花瓶里换成了小小一枝金黄色的向日葵，仿佛是把灿烂的阳光摘取了下来。最爱吧台围栏上粉色与桃红色的小马，它们给咖啡馆带来了童话中才有的纯真与活力。

吧台边的白色展示柜上出售各种精美的咖啡壶与杯具，白色、咖啡色、深蓝色、水彩粉丰富了咖啡馆的旖旎风情。入口处有一幅精美的图画，深棕色的背景衬托着蔷薇花瓣下一只全白的猫，岁月静好的意境甚至让人忽略了旁边五彩缤纷的甜蜜马卡龙。

临走时捎上小玻璃瓶装的薰衣草，关于Seasons咖啡馆的芳香记忆，都收藏在这份浓郁的紫色迷幻中。

粉色蔷薇

西堤一条街的咖啡馆消费价格都偏高，Seasons也不例外，一杯拿铁售价在50元左右。我点了一杯特制的黑糖冰拿铁，意外惊喜，居然可以算作我在厦门期间喝到的最好喝的冰咖啡，这样的滋味，便觉得即使价格高昂也是值得的。

Seasons的二楼是花店，粉色的玫瑰、黄色的菊花、紫色的郁金香……各个品种的鲜花琳琅满目，让人仿佛误入一片清新的花田。店里的干花制品散发出独特清香。

白色的太阳伞下那一枝粉红的玫
瑰，可以芬芳整个午后的甜蜜心情

1 | 2 / 3
1. 有各种精致的咖啡用具出售
2. 室内也到处是鲜花与绿叶
3. 二楼原来是间美丽的花店

Seasons还代理出售几个品牌的花香香水，迷人的香气弥漫在白色的屋子里，像是一个让人久久不愿醒来的美梦。

可以说，Seasons是西堤一条街上极具浪漫气息的咖啡馆，即便是惊鸿一瞥，也无法忘怀这白色天堂中那朵粉色的蔷薇。

咖啡馆资讯

- 地　　址：厦门市思明区建业路1之12
- 电　　话：0592-6133333
- 人均消费：80元
- 特色推荐：玫瑰拿铁、黑糖拿铁、桑葚手工蛋挞

不见MISS咖啡
——路边的绿野仙踪

在环岛路上的台湾民俗村附近，最有名也最出色的咖啡馆，毫无疑问是"不见MISS"。这一片区域本来有一点偏僻，但由于有了不见MISS咖啡，仿佛披上了一层文艺的外衣。红色的小路、棕榈树，还有路边白色房顶的咖啡馆，音乐与植物，生活就这样被涂抹上了清新的色彩。

咖啡馆特色

◎ 白色建筑物的造型引人注目

◎ 环境清新文艺

◎ 绿色的植物墙像是搭建了一片森林

◎ 三明治的面包特别好吃

一栋漂亮的白房子

在台湾民俗村对面的小路上，一眼便能看到一栋造型奇特的白色建筑物，在周围有些嘈杂的环境里脱颖而出。巨大的Logo在建筑物的上方，天台上垂下来的藤蔓与旁边的大树交融在一起，织就一片明媚的绿色。大门处有一块透明的天花顶，像是临街开了一家花房，里面绿色的阔叶植物肆意生长，各种花草清新茂盛。

我在一个清晨走进了不见MISS，在这样一家花园般的咖啡馆里度过早餐时光，是一天最愉快的开始。一进门便能看到吧台，白色的椅子、白色的石台和石台上的实木桌面。吧台上的白色小花瓶里插满了花儿，黄色的金菊、白色的马蹄莲、干枯的莲蓬与芦苇，拥挤在一起，堆砌出迷幻的童话色彩。

最喜欢白色透明屋子里的位置，挨着落地窗坐下，窗外的景色便一览无遗了。褐色

从门外看像是一个美丽的花房

木桌上盖着洁白的桌布，草绿色和白色的椅子交替摆放，桌上是一盆简单的花和几本随意放置的书，轻松惬意地坐在这里，享受着可以自由呼吸新鲜空气的清晨时光。透过玻璃窗看出去的世界也那么宁静，一条红色的小路延伸向远方，绿色的大树和路边的小野花，热闹的行人来来往往。

转过头便能看到咖啡馆一楼的大厅，一张实木长桌几乎占据了外室大半个空间。桌上有造型奇特的台灯，一大罐的菊花开得五彩斑斓，散放的书籍自然而然呈现出生活的痕迹，这不像是咖啡馆里的场景，而像是记忆中某个关于生活梦想的画面。

生活最美的气息

咖啡馆的挑高很高，天花板直达二楼，墙面刷成了天空的蓝色，一大片茂盛的绿色植物铺满了整面墙，像是在天空里长出一座原始森林来。木桌上是早上刚刚采摘的小雏

华丽而又清新的咖啡馆一楼

$\dfrac{1}{2}$　1. 楼上榻榻米的位置

　　2. 二楼安静惬意的一角

菊和百合花，满屋子都是花草的清香。在芬芳缭绕中走上二楼，便看到正前方的小桌，实木桌面上盖着一层玫红色的编织布，桌上的白色陶瓶内是一大簇淡绿色的康乃馨，与旁边正对的一户窄窗形成了独特布景。透明的窗户外是街边大树茂密的枝丫，清晨的阳光透过缝隙洒落进来，淡淡地落在青色的地板上，形成薄薄的光晕。

　　角落处白色的欧式木柜展现出维多利亚风格的精美，里面整齐地摆放着一套玫瑰花纹的咖啡杯。木柜顶上的花瓶如同最本真的艺术品，一两枝随意插入的花茎便带着幽深的意境。

1
—
2
3

1. 落地窗前的桌椅
2. 中式复古风格的布置
3. 类似欧式厨房的角落

　　突然感叹人生的宁静与恬淡是如此的简单，生活中美好的事物并不需要太华丽的模样，而是能那么轻易就抚平平日里无法停止的内心波涛，止于至善。一呼一吸间，都是生活最美的气息。

几重风格的天地

　　一室之内，几重境界。这是不见MISS咖啡馆带给人最深刻的感知。刚刚离开清新欧式的一角，另外一侧经典复古风的空间又出现了。厚重的老木桌、玫瑰花纹的桌布、

模糊的版画、浅粉色与深紫色的菊花、传统中式的木椅和青花瓷台灯，种种元素汇聚在一起时便营造出奇妙和谐的效果。再加上墙上由彩色复古玻璃做成的假窗与另一侧白色边框的真窗交相辉映，一时真真假假，像是一场幻梦。

另一边台阶上方的位置是属于日式禅意的天地。深色木地板上有一张矮木几，旁边随意放着两个席地而坐的垫子，木几上是青花瓷茶具。这边的阳光没有大树的遮挡，毫无忌惮地洒满整个空间，在冬日里留下温暖人心的时光。

二楼还有一个花园平台，角落里是白色圆木桌和不锈钢椅子，一大簇植物从围栏蔓延过来，在阳光下活力四射地伸展着枝叶。头顶上有雨遮，四周开敞，你大可想象在某

$\dfrac{2}{1\ |\ 3}$ 1. 生机勃勃的植物墙
2. 店里有自制蜂蜜出售
3. 招牌酸梅汤和好吃的三明治

个悠闲的午后，到这里点杯咖啡小坐一会儿的惬意。外面的世界是绿色的，里面亦然，放眼望去，一片清新自然，清静自在。

正出神间，店员端上秘制的酸梅汤和公司三明治，我在这片小花园里坐下来，带着最快乐的心情开始享用我的早餐。招牌的酸梅汤好喝并不稀奇，最让我难以忘怀的竟然是三明治里的面包，那美味至今依旧想念。

咖啡馆资讯
- 地　　址：厦门市思明区环岛路溪头下村23号
- 电　　话：0592-5963777
- 人均消费：50元
- 特色推荐：秘制牛肉面、招牌酸梅汤、各类三明治

初来乍到，并不知道这家店在网上颇有人气，但坐下一会儿之后很快便能感受到这一点。寒假时的沙坡尾行人稀少，附近咖啡馆的客人也不多，大抵一两桌的样子，十分清静。Chello咖啡则不同，当日阴郁的天气一点也不影响它的热闹。我不过闲坐片刻，便能见到络绎不绝的文艺少女们前来品尝传闻中的裸蛋糕。

对我来说，吃蛋糕倒不是最重要的，可以惬意地发呆，浪漫地等公车（店址就在公车站旁），以最佳的角度打量街景才是Chello咖啡最大的魅力。

咖啡馆特色

◎ 各种口味的裸蛋糕很受欢迎

◎ 冰咖啡性价比不错

◎ 环境清新文艺

◎ 有手工杂货出售

公车站旁的咖啡馆

厦门大学的大学路是文艺青年们的新宠儿。大学路的路面不宽，进入到沙坡尾区域时路两边的建筑越发显得古老起来，有些像是广州的上下九，还依稀保留着当地昔日的民俗文化与底蕴。在旅途中，我最喜欢这样的街道，在街边找一家小店，悠闲地欣赏着街景，感受属于这个地方独一无二的人文气息。

而整个沙坡尾区域内，没有比Chello更适合对着街道发呆的地方了。Chello的室外有两桌临街的位置，旁边有一个小小的多肉植物花园，天气好时坐在这里再惬意不过。旁边紧挨着公车站，趁等公车的间隙偷闲坐下来喝杯咖啡，这才是Chello招牌上宣扬的文艺life style。

$\dfrac{1}{2}$ 1. 路边的招牌颇为引人注目
      2. 店门口漂亮的多肉植物

精致的艺术空间

    Chello的室内空间有两层，以木质、植物、砖墙、白石灰、铁艺、小清新杂货为主要元素构建出自然素朴的极简主义风格，文艺气息十足。Chello很讲究细节，木桌上插

各种精美的蛋糕是这里的人气产品

二楼的空间也很舒适

着向日葵的褐色瓶子、盛蛋糕的盘子、精心打造的多肉花园、卫生间里伊索的洗手液和手霜……点点滴滴使Chello流露出一股低调的艺术气质，或许这便是它人气如此之高的原因之一。

　　大部分时候来Chello，咖啡馆里总是坐满了人，上一桌刚刚离开，很快便有新的客人坐下。好在Chello的空间布置很舒适，人多的时候也不会显得太拥挤，反倒是烘托出热闹的氛围，生机勃勃。Chello还有手工杂货出售，离开时挑一份做纪念也是不错的选择。

最美的度假时光

　　Chello的人气实在太旺，有人说晚上八点后去也会是满座。喜欢Chello的大多是些年轻时尚的女孩子，仿佛全厦门的漂亮女孩都集中到这里来了。如果想体会Chello安静的模样，那就需赶早，在上午刚开始营业的时间光临。某个上午我正好需要在Chello旁

咖啡店里还销售一些简单的手作文具

边乘公车，于是毫不犹豫地走进去点了一杯冰拿铁——他家用不锈钢杯装冰咖啡，带着淡淡的复古情怀。

这时的Chello很安静，空气里荡漾着悠扬的美式乡村小调，咖啡师们正在准备当日的食材，一切都充满了属于早晨的生命力。这一刻于我而言，便是一段属于厦门的美好度假时光。

咖啡馆资讯

- 地　　址：厦门市思明区厦门大学大学路69号中华儿女美术馆车站隔壁
- 电　　话：0592-2512055
- 人均消费：50元
- 特色推荐：特浓拿铁冰咖啡、无糖栗子裸蛋糕、芝士奶盖茶

木心咖啡
——岛上好时光

木心咖啡开在一栋很漂亮的红砖楼的一层，整栋老屋上爬满了密密麻麻的炮仗花，如绿色的、黄色的瀑布倾泻而下，也像是织出来的双色锦缎，美不胜收。

木心咖啡是鼓浪屿上罕见的现代风格的咖啡馆，区别于大部分以怀旧文艺为基调的咖啡馆，它的气质更为简洁清新。在这里，你很少遇到刻意到访的客人，更多的是偶然的过客，小坐片刻，再度启程。

咖啡馆特色

◎ 漂亮的红砖楼上漂亮的炮仗花

◎ 书架上有书，可自行取阅

◎ 咖啡和甜点的品质都较高

花海中的小楼

那是一面由花织成的瀑布，当我驻足木心咖啡门前时，禁不住如此感叹。那望不见尽头的炮仗花，爬满了小楼的整面墙。咖啡馆的大门藏在这片花海下，简洁清新，不染浮华。

推门而入，便能感受到一片安静与自由的气息，无拘无束。吧台占了一大面墙，客人需要走到吧台去点单。一杯冰拿铁、一块芝士蛋糕，于我而言，是最完美的下午茶。

现代主义美学

木心咖啡里位置不算多，但每一个都经过了精心设计，坐起来都很舒适。角落里有一个单人座，墙面用木头块凸凸凹凹构建成一种奇妙的几何美学，上面挂着一圈干花，

漂亮小楼里的咖啡馆

寂静无人的午后

一个人面对艺术墙沉思

1 | 2 　1. 店里的招牌芝士蛋糕
　　　 　2. 冰摩卡的味道很合我意

旁边的木格子上陈列着绿色植物。在这个隐秘的、幽静的角落里，可以一个人对着这面木墙发呆，有趣至极。

店员提醒可以到吧台领取咖啡了，我走过去，又发现吧台的一角放着几只可爱的小动物公仔，麋鹿、大象、刺猬和浣熊，它们给这家现代主义风格的咖啡馆增加了几分童趣。

清净自在好时光

书架上有书，我从里面选了一套蔡志忠的漫画，坐在靠近窗户的位置上懒洋洋地翻阅。店里没有其他客人，十分安静，阳光透过大玻璃窗洒进来，那套翠绿色的沙发椅显得格外明艳与清新。

木心咖啡的简明设计风格让人特别愉悦与放松，满眼都是清新的木头与深色或浅色的绿，就这样不着痕迹地体现着设计师返璞归真的理念。生活便是如此简单却不简陋。

木心咖啡的饮品和甜点都很好。第二天便要离开鼓浪屿了，我有些后悔太晚发现它的存在。无丝竹乱耳，只余一份清净、一份自在、一份闲适的美好时光。

咖啡馆资讯
- 地　　址：厦门市思明区鼓浪屿鼓新路23-25号
- 电　　话：0592-2568328
- 人均消费：35元
- 特色推荐：各式咖啡、芝士蛋糕、手工饼干

大理

薄荷糖咖啡馆——太太的客厅

345咖啡小酒馆——向左走，向右走

一点法国咖啡馆—— 一不小心成了熟客

唐咖精品咖啡馆（九隆居店）——用咖啡环绕地球

薄荷糖咖啡馆

——太太的客厅

冰心曾在小说《我们太太的客厅》里提及当时文化圈子里流行的沙龙文化。时光荏苒，过去那些纷扰已在历史中化为一段传说，对于活在当下的人们来说，沙龙文化的复兴反映了一种绝对值得推崇的生活态度，大家所需考虑的，不过是在哪里举行为好。

关于这一点，薄荷糖咖啡馆给出了答案。

咖啡馆特色

◎ 清新的薄荷绿

◎ 复古风情的舒适环境

◎ 古城最地道的红丝绒蛋糕

朋友的客厅

时间是一个理想的春日下午，阳光温煦而明亮；地点是薄荷糖咖啡馆。在古城开店的新移民们喜欢把这里当作接待朋友的客厅，因为薄荷糖咖啡馆的环境更为清新和舒适，很适合三五好友促膝长谈。

对于薄荷糖咖啡馆的老板娘来说，仿佛是当时、当地最贴心的"沙龙"主人，为每一个客人提供家庭般的温馨与闲适。古城里的那些艺术家、诗人以及其他人，每逢清闲的下午，想喝一杯果汁或咖啡，想坐坐温软的沙发，想见见朋友、陪着他们谈笑，便会不假思索地步行到薄荷糖咖啡馆里来。在这里，每个人都能够得到他们所向往的一切。

正对着咖啡馆的门，是一张木头色表面乳白色底的圆桌，配着两张黑色的皮质沙发，老板娘常常自己坐在那里看书。靠窗的那面摆放着同样的桌椅，只是空间更宽敞，

30年前的收音机渲染了怀旧的氛围

充满田园风情的细节布置

增加了一张条纹图案的布艺凳子。通常，桌子上都会摆放一只陶艺花瓶，里面插满老板娘每天从花市上买来的鲜花。

　　墙上挂着欧式的少女漫画，一张淘来的老旧木柜上放着一台复古情调十足的收音机和几盆多肉植物。坐在靠窗的位置能够以极佳的视角打量人民路的风景，窗外的街头手工匠们开始了一天摆摊的快乐日子，游人们则穿梭其中寻找自己的心头所好。

情人的客厅

　　墙上疏疏落落地挂着几排照片，拍摄的都是薄荷糖咖啡馆的招牌甜点。薄荷糖咖啡馆的甜点在古城里是小有名气的，其中以红丝绒蛋糕尤为热销。

　　关于红丝绒蛋糕的起源，有不少有趣的传说，最富有戏剧性的说法是，它起源于纽约的Waldorf-Astoria酒店。1959年前后，一位女客人在这家酒店偶然品尝到了红丝绒蛋糕，被它美丽的颜色和特别的口感吸引，于是向酒店索要蛋糕配方，而酒店满足了她

的要求。不料之后她却收到了一份高额账单，原来酒店并不是无偿告知蛋糕配方。于是这位女客人一怒之下向社会公布了红丝绒蛋糕的配方，红丝绒蛋糕从此闻名世界。

　　一款鲜红美艳的蛋糕作为情侣之间下午茶的甜品再合适不过，据我所知，古城内做红丝绒蛋糕的店铺极为罕见，因此常常能在此看到慕名而来吃蛋糕的年轻情侣。

　　除了红丝绒蛋糕，巧克力流心蛋糕、榴梿慕斯、海鲜水果沙拉也都是熟客的挚爱。

1│2
1. 海鲜水果沙拉是菜单上没有的招牌产品
2. 榴梿慕斯和鲜榨果汁都值得推荐

太太的客厅

在20世纪30年代的北京，举办家庭文化沙龙是件颇为时尚的雅事，胡适家有，凌叔华家也有。最著名的是才女林徽因的"客厅沙龙"，许多当时的文化精英聚在一起品茗坐论天下事，逐渐成为"京派"文化人圈子里一个灿烂夺目的中心。对于生活在习惯了网络交流的当下的人们来说，偶尔来一场文化沙龙式的朋友聚会，绝对是值得推崇的健康生活方式。

薄荷糖咖啡馆二楼有一个单独的房间，布置得像一间小小的客厅，适合志趣相投的朋友一起聊聊任何有趣的话题。客厅中间是一张木质的茶几，下面铺垫着白色的长毛地毯，几张布艺沙发和坐垫随意地摆放在茶几周围。墙角是一张木质布艺摇椅，旁边放着一个深棕色的四个抽屉的木柜。木柜上抽象的雕像与金属的异形风扇冲撞出特有的设计元素。北墙上段是短窗，窗棂同样被刷成了清新的薄荷绿。窗户的对面有一张矮书架子，摆放着一些日式设计类书籍。从窗口望出去是热闹的人民路，而关上门窗，这里便成为一个安静的隐蔽的空间，颇有大隐于市的味道。

或许这是古城内最适合举行文化沙龙的地方了。邀上几位老友或是旅途中新结交的有意思的人，于黄昏后来到此间天南地北、无所拘束地聊些共同感兴趣的话题，定会是旅行中值得回忆的一幕场景。

咖啡馆资讯　■ 地　　址：大理市大理古城人民路474号
　　　　　　　■ 电　　话：18687269357
　　　　　　　■ 人均消费：40元
　　　　　　　■ 特色推荐：红丝绒蛋糕、榴梿慕斯、鲜榨橙汁

人民路的中段有这样一栋屋子，青石墙、欧式路灯、遮阳伞、绿色的藤蔓爬上二楼的木头栏杆。

它在繁华的路边，却又是一个完全独立的空间，像是辽阔的港湾里停泊的一叶孤舟。它对有些人来说是文艺的咖啡屋，对有些人来说是有格调的小酒馆。两个不同世界的人在同一栋屋子里交会，邻桌而坐，出门时却各奔天涯，你向左，我向右。

咖啡馆特色

- ◎ 环境绝佳的地理位置
- ◎ 咖啡制作较为专业
- ◎ 复古的文艺格调

向左走，你去洱海

345咖啡大门口有一个得天独厚的宽敞平台，这在整条狭长的人民路上都是十分罕见的。这么近距离地贴近人民路的繁华，却又仿佛隔离出了一个完全独立的空间，这种感觉只属于踏进345咖啡的客人。

平台上搭建了木地板，角落处竖起一盏欧式路灯，墨绿色框架的落地窗外随意摆放着几张桌椅。熟客是喜欢坐吧台位置的，这样既可以百无聊赖地打望人民路上来来往往的人群，又可以转头与正在做咖啡的老板聊聊最近发生的趣事。

345咖啡的老板很年轻，他对待咖啡的态度是虔诚的，不带半点马虎。也正因为如此，他有些挑剔客人，他希望自己的客人受过良好教育，具备一定的修养，否则他的不待见或许会写在脸上。然而你若是符合他的要求，他又是极其和善的。我那日感冒了，老板贴心地倒了一杯温水。

熟客喜欢坐在窗沿前和老板聊天

阁楼上的位置宽敞而又私密

"出门向左是洱海门，有一处私密的湿地景色绝佳。"老板为一个摄影师模样的客人指路，他了解什么样的客人需要什么样的答案。

向右走，我上苍山

345咖啡一楼的设计有着浓郁的复古气息，像是阿加莎笔下的庄园小屋。角落处放着一个有些年份的老木柜，上面堆放着缺了按键的打字机和泛黄的烛台。

木头沙发很厚重，坐上去却是极为舒适的，每一桌的视野明显是精心考量过的，能看出不同的风景来。

楼梯间隐蔽的阴影里还藏着两张独立的沙发，喜欢私密感的客人在这里会找到安全感。许多叫不出名堂的旧家什看似随意地闲置在一旁，窗外的阳光透进来照在上面，洒下一层淡黄色的光晕，带着岁月的韵味，装点着咖啡馆里的氛围。

"喜欢艺术的人这两天应该上苍山去，听说最近山上有画展。"有客人在一旁窃窃私语，分享着刚得来的消息。

1 | 2　1. 满满一杯芒果鲜奶
　　　2. 颇有些年头的木柜和打字机

留下来，哪也不去

345咖啡的二楼很安静，沿着窗户铺陈开一排厚实的榻榻米，老木箱作茶几用，白族的扎染蓝、小清新的田园绿，各种花纹的布艺点缀其间。

"真是适合午后打个盹儿呢！"每个客人的心里都不由自主地发出这样的感叹，"人民路上没有比这更悠闲的所在了"。

阳光明媚的下午茶时间，老板会送上现磨的美式咖啡。咖啡豆很新鲜，上面的油脂很丰富，在阳光下冰块折射出或深或浅的咖啡色。这时的二楼常常会属于一两个闲人，斜躺在舒适的大靠枕上，枕在窗沿边，阳光懒洋洋地晒得人想打瞌睡，于是闭眼小憩片刻。

大理的魅力便是如此了，还往哪里去呢？一杯咖啡、一场美梦、一刻停下来的慵懒，墙上的挂钟似乎也不再走动，这样很安静。

咖啡馆资讯

- 地　　址：大理市大理古城人民路345号
- 人均消费：30元
- 特色推荐：曼特宁咖啡、芝士蛋糕

"咖啡馆能反映一条街的氛围。"玉洱路下段独此一家的一点法国咖啡馆，似乎真的决定了整条道路的氛围。

在别人都不看好的位置开店需要一种绝对的自信，一点法国咖啡馆的口碑证明了它的特立独行是有资本的。大部分人第一次走进来只是偶然路过时歇歇脚，但很快便会再次寻来，渐渐成为熟客，爱上在这里的每一秒时光。

一点法国咖啡馆
——不小心成了熟客

咖啡馆特色

- ◎ 舒适文艺的室内设计
- ◎ 性价比高的下午茶套餐
- ◎ 手工烘焙一流，可以预约打包

美味三剑客

薄荷绿与天蓝混搭的门面、宽敞舒适的单人布艺沙发、当日刚采摘的鲜花、暖萌的小熊公仔、放满书籍的柜子，它有着一家文艺咖啡馆所应具备的一切元素。然而它又绝不只重视氛围，在食物的美味度上，至少打造出了三款经典产品。

一点法国咖啡馆的烘焙甜品水准是一流的，下午茶时不妨点一小份饼干拼盘，里面包含了蔓越莓饼干、可可杏仁棒和巧克力爆炸球，每一样都好吃得让人咂舌，价格却不过十元。仅此一项，足够让客人接踵而来。

除此之外，他家的玫瑰花蜜冰咖啡和招牌牛肉芝士焗饭也是值得品尝的招牌产品，美味不容置疑。

七彩云南
祥云首饰
项链 25   戒指 10
手镯(大15/小12) 耳坠 45

冬季 "热饮"
Winter   《Hot drink》
Hiver

美式铁皮卡 ¥20   Americano
法式欧蕾   ¥25   café au lait
焦糖马琪朵 ¥25   Macchiato
摩卡   ¥28   Mocha
维也纳咖啡 ¥30   Vienna
                  coffee
爱尔兰咖啡 ¥30   +3元
Irish coffee   鲜花饼
                  一个

什锦素咖喱饭 ¥18
Vegetable Curry Rice

鸡肉咖喱饭 ¥23
Chicken Curry Rice

牛肉咖喱饭 ¥28
Curry Rice

肉芝士焗饭 ¥38
Cheese baked R

奶茶 ·Milktea·
暖身奶茶 · Ginger ¥15
黑糖奶茶 · Black sugar ¥15
玫瑰奶茶 · Rose honey ¥18

咖啡馆里还有精美的手作出售

清新文艺的环境

最浪漫的事

　　一点法国咖啡馆的老板和老板娘都是成都人，各自有着不错的工作。突然有一天，老板娘决心到大理寻找自己梦想中悠闲自在的生活，喜欢大城市节奏的老板并没有犹豫太久，便放下一切陪同爱人远赴他乡。

　　在鲜有旅人经过的玉洱路下段开了这家小小的咖啡馆，养了只叫喳喳的鹦鹉，老板娘的梦想实现了。那老板呢？老板用他的行动做了一件最浪漫的事，陪着心爱的人过她喜欢的生活。

　　一点法国咖啡馆如今的口碑并未辜负老板这份真情，越来越多的人成为咖啡馆的熟客，在岁月中彼此漫漫长相守。

午后读书的时光

　　一点法国咖啡馆提供实惠的下午茶套餐，适合一个人在旅途中看看书。书与咖啡，一直是绝好的搭配。咖啡馆为客人准备了不少书籍，以文学、科普类居多，并且都是

1 | 2
  | 3

1. 桌面上特别的图画
2. 玫瑰拿铁是招牌
3. 招牌饼干拼盘

老板精挑细选的。

　　越来越多泡咖啡馆的人喜欢上了阅读，对他们来说，最美好的午后时光应该是埋头在一本书里，偶尔抬头时，眼前刚好放着一杯咖啡，而这恰恰是一点法国咖啡馆每个下午茶时间的常态。

咖啡馆资讯

- 地　　址：大理市大理古城玉洱路279号
- 电　　话：18628132493
- 人均消费：30元
- 特色推荐：手工饼干拼盘、玫瑰花蜜冰咖啡、招牌牛肉芝士焗饭

大理古城内的咖啡馆已经数不清有多少家了，但若是要论做咖啡的专业程度，唐咖精品咖啡一定首屈一指。

唐咖精品咖啡的总店在人民路的一条小巷子深处，另外还有两家分店，分别在九隆居商业街和马久邑海边。

去总店的客人最多，而我喜欢更为悠闲自在的九隆居分店，能够在文艺的氛围里喝上一杯专业的精品咖啡，幸福可不就如此简单？

咖啡馆特色

◎ 老板娘是获奖无数的知名咖啡师

◎ 单品咖啡的品种丰富

◎ 店里清净自在

认真的人最美

老板娘唐唐不但持有国际咖啡师协会认证的咖啡师资格，难得的还是持有Q-grade证书的咖啡品鉴师。她热爱咖啡文化，有一种执着的认真劲儿，因而唐咖精品咖啡渐渐成为古城里十分专业的咖啡馆也就不奇怪了。

店铺里的咖啡豆都是唐唐亲手炒制的，非常新鲜，客人们不但可以在店里喝到新鲜的咖啡，还可以购买咖啡豆，若是需要磨粉，唐唐会认真地替客人打磨好。

唐唐对咖啡豆的要求很高，每一颗都需要经过她自己的精心挑选，若是有瑕疵便不会使用，而是作为装饰品摆放在店内。

唐唐不仅售卖咖啡，同时还开设了咖啡师培训的课程，或许是受她的影响，店铺里雇用的店员对待咖啡的态度都十分认真，这在悠闲的古城内本身就是一道风景。

秘鲁 黄波旁 耶马
危地马拉 哥伦比亚
耶佳雪菲 曼特宁
哥斯达黎加 摩卡
瑞士蛋糕 拿铁
CheeseCake
Beer 精酿啤酒

古城里大名鼎鼎的咖啡馆

坐在窗口可以看到咖啡师的操作过程

慢生活从咖啡开始

平时大部分人喝的都是花式咖啡，由于都市里的节奏太快，选择好入口加奶、加糖的调味咖啡是对疲惫的抚慰，而唐咖主要经营的是单品咖啡。

单品咖啡意味着另一种生活方式，它很简朴，也很缓慢，需要用时间与心情去等待。人们选择到大理古城度假，想要获得的，也正是这样的慢节奏生活，唐咖善解人意地提供了舒缓的氛围。

唐唐用心准备了一些不常见的咖啡豆，好比印度马拉巴尔季风豆。它是一款特殊制法陈年豆，金黄色、无酸味，有一股坚果的浓香，是唐咖里极受欢迎的单品之一。

单品咖啡带给客人们的是一个静心等待的过程，是一个探寻自我认知的过程，同时也是一个提升生活品位的过程，而这一切才是唐唐开咖啡馆的初心。

1 | 2　1. 在舒服的沙发上可以看一下午书
　　　2. 清甜香醇的玫瑰特饮

咖啡的环球之旅

　　唐咖里的单品咖啡品种丰富，耶加雪菲日晒、哥斯达黎加、危地马拉、巴西喜拉多都是招牌饮品，当然也有云南当地产的圆豆咖啡。若是自己拿不定主意选择哪款单品，可以告诉店里的咖啡师，他会根据客人的口味来进行推荐。

　　唐咖里也准备了手工甜点，可以根据咖啡味道的不同来选择搭配，其中的芝士蛋糕最受客人喜爱。

　　阳光洒在唐咖的小院子里，舒服地斜躺在沙发里透过落地窗晒太阳，在这样一段安静闲适的时光里，跟随不同咖啡的香味像是环绕地球跑了一圈，领略了各地不同的风情，这或许是唐咖带给客人们的另一重意料之外的收获吧。

咖啡馆资讯

- 地　　址：大理市大理古城九隆居A7-6
- 电　　话：0872-2560560
- 人均消费：40元
- 特色推荐：印度马拉巴尔季风豆、耶加雪菲日晒、芝士蛋糕、特调玫瑰饮

西安

More Café
——身在北方的岛

More Café是一家背街的纯白色咖啡馆，有一丝避世的孤清，也有一丝桀骜不驯，在灰色的钢铁森林里，简单一栋白楼，犹如一座小岛，遗世独立，似乎刻意逃离尘世间的叨扰。若有这样一个岛，不如寻它而去，很长一段时间，只喝一杯咖啡就好。

咖啡馆特色

◎ 艺术陈设与画廊咖啡馆
◎ 北欧简约风格

咖啡馆的折纸时代

远远看上去，这是一栋三层高的咖啡馆。折纸般的造型，充满设计感的几何猫咪雕塑立在咖啡馆的露天小广场前，很漂亮。初见，觉得More Café是一个让人会驻足的艺术空间，其实More Café也确实是一间画廊咖啡沙龙。在古城的背街小巷中，寻到这样有格调的咖啡馆，就像一场命运的相遇。

More Café是一个灰色独栋建筑，几何造型线条剪切得干净利落，有些像纸飞机。这座建筑设有大面积的玻璃。我进到店里的时候恰恰逢下雨，雨滴在玻璃上滑行，晕染出一个失焦的世界来，光圈被雨打湿，颜色被雨偷走，透过一层和二层的落地窗，看到暖暖的灯光与喝咖啡的人们，仿佛无声地在上演老旧的默片。

More Café通体雪白，这样的纯白无瑕在当下Zakka与温馨华丽盛行的咖啡馆界像一场大雪，寂静又冷淡，淡漠而疏离，独处一隅，仿佛高贵的精灵女王一般。More Café选择的这条街道本就安静，身在其中更加静中取静。和着素静的白、稳重的灰、

吧台也让人感到温馨

最有艺术感的三层

纯粹的原木色，浓郁的咖啡就调开这场素色的梦。

尽管韩流咖啡馆大行其道，More Café却独树一帜以后工业时代的北欧风格示人。在More Café，空间制造的距离感令人非常舒适，每一组桌椅都像漂泊在这片海的小岛，灰色的外墙、白色的海洋，线条大方得体。More Café这样精心的简约，像是烦冗世界里的一杯薄荷气泡水，无论落地玻璃窗外的世界如何车水马龙，推开它的门，这里就是一座与世隔绝的岛。

独树清新的后工业风

More Café每一个季节的主题皆不相同，时不时有格外惹眼的布景，同时甜品和咖啡也不断更迭，几乎每一次来到这里都会有惊喜。

一层只有吧台和几组沙发桌椅，颜色简单又舒服。二层是散座，白墙上挂着许多画作，有标价可售卖。此外，More Café的桌花非常吸引人，简单到粗陶窄口瓶只插一枝叶，复杂时却有玻璃杯中盛开的牡丹、矢车菊和桔梗，配色完美，几乎每一组桌花都是一件花艺作品。三层的布景总是饶有趣味。那次去，看到的是用芦苇、枯草、木桩、蜡烛堆砌的角落，麻布帐篷被木头撑起，像电影《荒野猎人》中潮湿冰冷的雪海森林。

干净利落的颜色

　　双莓冰摇茶是这里最棒的夏日饮品，树莓和薄荷叶伴着冰块缓缓下沉，玻璃杯中红色的树莓汁鲜艳好看。双色慕斯可爱到爆棚，慕斯的口感像丝绸一样顺滑，却不那么甜腻，齿间感受到的力度恰到好处，像法国南部的暖风吹过普罗旺斯田园，温柔而包容。水果华夫饼，华夫饼和冰激凌永远是绝配，然而华夫饼要松脆软香，冰激凌的甜却不要太盛。华夫饼撒一点霜糖，水果一口咬下有丰富的汁水溢出，这才是品尝华夫饼的正确方法。

　　一个人在More Café的时间静谧安稳，搅拌棒下旋转的拿铁，杯中出现小小的漩涡，朝着梦境深处转去。

咖啡馆资讯
- 地　　址：西安市新城区解放路与东新街十字东北角
- 电　　话：029-87365855
- 人均消费：40元
- 特色推荐：双莓冰摇茶、双色慕斯、水果华夫饼

虫儿咖啡

——仲夏夜的Vintage旧梦

虫儿咖啡馆充满童年时光和夏日风情。这个小小的咖啡馆，总会让人想起儿时那些夏日的记忆。或许想起水塘里倒映的天，或许想起草垛边的萤火虫，或许想起那些老旧家具的味道，那一盏晃了又晃的路灯。它们薄如蝉翼，也融在蝉鸣里，如同咖啡杯中的焦糖，搅拌后就消失，变成了在舌尖缠绵的甜味。幸好遇见"虫儿"，这个夏日气质的怀旧咖啡馆，属于夏天的回忆才得以安放。

咖啡馆特色

◎ 绿植和自然的创意渗透

◎ 摄影艺术空间

森林咖啡馆

古城不乏精致温馨的咖啡馆，但虫儿咖啡是有些特别的，它不但是咖啡馆，也是一个摄影艺术空间。咖啡店的老板虫儿自己也是一位摄影师，她纤瘦，热爱生活，热爱花草，迷恋夏天，所以她的咖啡馆，就像《爱丽丝梦游仙境》中的魔幻森林。推门而入，仿佛做了一场关于盛夏的、充满咖啡香气的梦。满眼的绿植带来有湿度的空气，白色单车藏在花叶当中，浓郁的法式浪漫扑面而来，混合了Zakka和Vintage的梦幻气息，瞬间落入华丽静美的仲夏夜诗篇中去。

咖啡馆里满是藤麻和木制品，清香的茉莉花，幽静的海棠，让这个梦中的世界拥有纯净的自然香气。木制小方桌的花纹明艳活泼，像外祖母种满了花草的后院。古旧的杂货架满满当当，在虫儿眼里，一只濒临丢弃的皮箱被刷成白色，也是极有味道的装饰品。有点褪色的欧式衣帽架、小电话亭、旧旧的胶片相机都是老板悉心寻到的老物件。而被关进鸟笼的吊灯、黑色单车变成的盥洗台，大到一只藤椅，小到天使样子的台灯都

森林般的咖啡馆

颇有设计感。也许老板本身就是一个于生活中处处留心的人，在艺术家眼里，拾荒和创造，是同样有意义的事情。

咖啡馆二层的墙上，有很多现代摄影作品，也是虫儿咖啡馆的影像艺术空间。虫儿咖啡作为西安独一无二的、有摄影馆的咖啡馆，摄影元素非常多。作为装饰的旧相机、大块头闪光灯、相机壁画，都在悉心地说明虫儿咖啡馆和摄影艺术的密不可分。

夏天咖啡馆

在这里，意式浓缩酸苦的味道和牛奶相遇发生了美好的化学反应，褪去了晦涩，变得细腻而柔滑。精挑细选的漂亮陶瓷杯中，奶油变成泡沫出现。榛果和焦糖的滋味，是坚果的醇香和一丝焦苦的甘甜，一杯咖啡的终点如此的温柔而绵长。

虫儿咖啡馆的甜点亦是让人非常动心的。法国莓果手工冰激凌面包，红色的树莓中酸味一点点随着汁水溢出来，稍微抹去些藏在纯白奶油中的腻。在唇齿中绽放的甜蜜一

1 | 2
  | 3

1. 柔软的皮质沙发座
2. 各种美好的布景
3. 祖母的后花园

瞬间化开，些许的酸却成就了一道甜点近在咫尺的巅峰之味。而麦香和黄油烘焙出的软香面包，味道却简单朴实。

在虫儿咖啡馆，好像永远是夏季，整个店里都充满夏天花田里的芳香味道。野雏菊随着风摇曳着笑脸，嫩绿的花蒂中藏着的夏天的端倪被一点点揭开。

在这个充满绿意的咖啡店，夏季永远不会过去。西瓜与萤火虫的夏天，光着脚丫奔跑在黄昏田野的童年。鸟叫和犬吠声渐渐远了，冰激凌化开掉落在泥土里，蚂蚁围成一个圈。外祖母泡了一壶花茶，有蔓越莓的酸和薄荷的凉。老风扇吱吱呀呀地转。你独自长大，夏天却还留在那一年。

咖啡馆资讯

- 地　　址：西安市雁塔区慈恩东路曲江曼蒂广场东侧1号门，二楼东侧2号门
- 电　　话：029-89660202
- 人均消费：50元
- 特色推荐：美式咖啡、法国莓果手工冰激凌面包、树莓手工酸奶

拾光花房

——花语爱丽丝的少女心事

半坡艺术区里的独栋三楼，温馨安宁的田园风格。咖啡色小屋，寂静阅读时光；各种文艺小物，品位和情调都太满。拾光花房，一家售卖情怀的复古文艺咖啡馆，有书，有咖啡，还有总是诗歌的少女之心。

咖啡馆特色

◎ 少女心浓浓的细腻氛围
◎ 安静私人的阅读空间
◎ 原创小物商店

阳光满满的花房

在阳光温柔的地方开一间咖啡馆，有植物和书，有音乐和缠绵悱恻的缓缓时光。这是很多人的梦想。

拾光花房是一栋三层别墅咖啡馆，被粉刷成了摩卡的颜色，绿色的旧木门旁边挂着两盏欧式小挂灯，远远看着像北欧温暖又甜蜜的小屋。咖啡馆的logo是一朵合欢花蕊，中间站立着一个女子，体态轻盈优雅，像被精心保护着的、被花簇拥着的少女，甚至她的英文名字也很细腻——She cares。

这是一家有着少女心的咖啡馆。在这里，人们愿意用一个下午的时间喝一杯咖啡，黄昏时刻，拾起玻璃窗前金灿灿的细碎的光，小心收藏，在有花、有咖啡的日子里，找到不被打扰的秘密私享。

留声机、珠帘、暖黄色的灯光、白色的墙、深红的窗帘，这里的一切都散发着古典

咖啡色的小房子

而精致的少女的香气。吧台上方一排吊灯很像一串白色风铃，砖墙简单粉刷搭配意识流的油画，看得出是花了心思的设计。

拾光花房除了咖啡，还有漂亮的原创小物件，明信片、手绘，甚至多肉植物。时光花房里的"花"，都是小可爱多肉植物。多肉虽然不怎么开花，但软萌娇小讨人喜欢，在拾光花房里伸展开胖乎乎的身体，尽情晒太阳。

一楼更加适合享受party，属于姐妹闺密或恋人的时间。二楼却适合享受一个人独处的乐趣。满满当当的书架、一盏花朵形状的小台灯、柔软的沙发，时光如同凝固，唯有咖啡的香气袅袅娜娜。

二楼的楼梯走廊里，吊灯仍然漂亮，好像一块一块方糖，用来给充满了咖啡味道的空间增加一点视觉的甜蜜。走廊里还有许多漂流瓶，拾光花房的少女心从这些细节中一点点的自然流露出来，漂流瓶里的愿望让人好奇，也让人对女孩子们小心存放秘密的举动莞尔。

吧台的灯像茉莉花

花儿与少年

在拾光花房，觉得这里像一个女孩子的家。有点零乱和小女孩心思的小物件、活泼的颜色与细腻装饰过的角落、沙发上的抱枕、柜子上的毛绒公仔、小浴缸样的多肉花盆。就像它的英文名字，She cares。女孩子们不谙世事，只关心多肉的长势，只关心咖啡的醇香，只关心座椅的舒适，只关心书架上的书有没有蒙尘，只关心明信片绘得好不好看。在花房里，她们关心的琐碎事情就是全部，如同logo里那朵花蕊里的少女，她不惧忧伤流离，也不惧尘世纷扰，她被花朵精心包裹在最柔软的地方，这是所有女孩子的愿望吧。

在这个时代，人们厌倦了城市里快餐式的生活、快餐式的咖啡，开始在城市中搜寻安静的一隅，寻找一个装得下绵长时光的荒岛。在咖啡馆发一个下午的呆，并不是消遣，仅仅是想蜷缩在一个温暖的角落，听时间的秒针在跳动，看时间的光逐渐暗淡，闻到时间的香气在慢慢变冷。所以，这家咖啡馆叫拾光花房，拾起来你丢失的、那些发光发亮的东西，把它们小心收藏，精心呵护起来。

认真做发呆这件事，在都市里也很奢侈。

<table>
<tr><td>1</td><td>2</td></tr>
<tr><td>3</td><td>4</td></tr>
</table>

1. 书柜前的小灯也是花朵
2. 超萌小多肉
3. 装满少女心事的漂流瓶
4. 一杯玫瑰花茶

咖啡馆资讯

- 地　　址：西安市灞桥区纺西街238号半坡国际艺术区内东大门
- 电　　话：18706792923
- 人均消费：40元
- 特色推荐：初雪、蓝色妖姬、华夫饼、朗姆冰激凌

香港哈恩私享设计生活馆
——玻璃房里的童话精灵

城市里的轻奢主义属于香港哈恩私享设计生活会馆。有品质的氛围，有格调的陈列，不浮夸，不低俗，艺术气息的动人之处见于毫厘，细枝末节都显露贵族般低调的优雅。有咖啡，有花艺，有软装，有设计，这就是你想要的小众咖啡馆。

咖啡馆特色

◎ 轻奢主义私享空间
◎ 兼顾花艺软装陈列
◎ 高品质的精致咖啡会馆

私享花园

藏在高新区绿荫之中的香港哈恩私享设计生活馆，像都市中精灵居住的玻璃房，尽管距离繁华只有数米，却经年独自安静又美好地存在于闹市的角落。

它的店就像它的名字，不仅是咖啡厅，也是生活家最中意的私享花园。在哈恩生活馆，有咖啡和甜点，此外，还有软装陈列、永生花和婚礼party的设计。这是一家非常童话化的咖啡馆，像翻开被琉璃色和花艺写满的旧童话书。宝石一样折射着不同角度阳光的大玻璃墙，为这本童话书洒上一层金色的温暖。在窗外看见树的轮廓影影绰绰，如同被剪碎的、那些我们还相信童话的旧时光。

在这里，颜色明艳的水果切丁放在玻璃杯里，一层一层铺叠，优格的酸甜味深入水果，棉花糖瞬间化开，坚果时不时被咬碎，英式的精致便在舌尖绽放。这是哈恩最漂亮的甜品，拥有彩虹的颜色，彩虹优格。

哈恩私享設計生活窗

玻璃花房

美好如宫崎骏的动画

舒适的小空间

　　你或许会喜欢轻甜的乳酪，也渴望甜美的霜糖，胡萝卜蛋糕香甜而不腻，杏仁碎片散发着香气，在蛋糕坯上清晰可见胡萝卜被切成细小的丝段，从此与海绵蛋糕缠绵了百年。

　　薄荷热巧克力，原本巧克力甜腻的口感被薄荷取代，清凉薄荷像夏天里的一阵微风，熔岩般的巧克力则是深冬的炭火，它们相遇，带来了新鲜非凡的华丽口感，像是聆听一场冰与火的交响。

梦幻童话书

　　玻璃房里花开明艳，无论四季踏入哈恩都是春天的模样。水晶灯明晃晃坠着六芒星，白色的木墙与黑色的相框，就像巧克力和牛奶。书架上放着许多关于设计的书，是西安婚礼设计界小有名气的店主精心筛选。壁炉台上摆放着老照片，草绿色的箱子里，有鲜花锦簇着在开放。木偶人在灯光下，日复一日与喝咖啡的人们坐在一起，分享在咖啡馆发呆的人们那些像咖啡般苦涩或者甜蜜的心事。玻璃中的小小世界和森林，自顾自地精致美好，吸引着人们的眼光温柔沉溺。

　　哈恩私享设计生活馆里有非常美丽的花艺。为这里添上彩虹一样童话色彩的，就是那些绽放的花儿。桔梗如同清晨薄雾一般柔软易碎；蔷薇和它的荆棘都很美，几乎要盛

1 | 2　　1. 齿轮转动 时光停驻
　　　　2. 木头人的独唱你听见了吗

开至荼蘼。向日葵、玫瑰、雏菊和芦苇各自交融着迥异的香气和色彩，悉心编织一方纯净小天地。每个人，在哈恩私享设计生活馆都可以静下来，慢慢品尝一杯咖啡，惬意地享受一段阳光。

　　我们儿时都曾经那么渴望拥有一座童话树下的玻璃小屋。而哈恩设计馆门前那一棵枝繁叶茂的大树，和一整面的玻璃墙，恰似神仙教母的魔法。哈恩的魔法不会在午夜消失，也不像水晶鞋那么易碎，就藏在这棵大树里。夏天蝉在枝丫中，鸣叫一整个午后，一杯玫瑰露可以了却盛夏的心愿。秋天树叶被风打着旋儿吹，翩跹落下，巧克力熔岩蛋糕的甜，却把树的秋心写成了诗。隆冬落了一整夜的雪，树梢不堪重负悄悄弯下头去，在美式咖啡的苦和酸涩里是古城大雪里的寂静欢喜。

　　坐在咖啡馆里，透过玻璃，看得到行走在CBD金融街的人总是那么忙碌。可你，咖啡香气在鼻尖，甜点的美好绽放在唇齿，巴萨诺瓦的贝斯正在泛音拨弦，童话之树就在玻璃外面，你在童话里面。

咖啡馆资讯

- 地　　址：西安市高新路主路路西苏浙会馆大门口往南20米，丽华科技大厦一楼西北角
- 电　　话：029-88310197
- 人均消费：50元
- 特色推荐：彩虹优格、胡萝卜蛋糕、薄荷热巧克力

生活，有时需要琐碎地讲究一些事。手冲咖啡，是对咖啡更多的追求和更深的向往。咖啡人的本心，无非就是将咖啡豆的味道淋漓尽致地展现在唇齿鼻尖。这是一种热爱，只有怀揣这样的热情，才能真正冲调出一杯最醇香的咖啡。愿手冲咖啡的魅力感染你。

知更咖啡

——古巷里的手冲幽香

咖啡馆特色

◎ 手冲咖啡很有名

◎ 咖啡的名字有特色

知更鸟与知更咖啡

在《杀死一只知更鸟》中，那个父亲说，"射多少蓝鸟都没有关系，但是记住，杀死一只知更鸟就是一桩罪恶，因为它们只唱歌给人听，什么坏事也不做"。这鸟儿一心一意地鸣叫，在枝头，在花间，在海边，在作家的笔下，在咖啡杯的杯沿。

古老的城墙下，一家小小的咖啡馆并不太起眼，门口画着一只胖胖的鸟儿，胸前的羽毛红似火焰，它红色的羽毛像烧着的晚霞，和古城春分时节向晚的天色一模一样。

这里就是知更咖啡，纵然西安有很多很多的咖啡馆，纵然知更很小，却丝毫不妨碍它的声名赫赫。

一杯真正的手冲咖啡，能够瞬间让整个房间都弥漫着咖啡香气，其中有来自哥伦比亚的香醇甘甜、哥斯达黎加高地的轻酸、刚果的苦涩。咖啡豆的魔力才露出冰山一角，嗅觉已经被征服，久居不散的阴霾这一刻也像棉花糖一样化开在温热的杯中。

知更咖啡的咖啡豆都是自己烘焙而成，甚至也为西安许多咖啡馆提供咖啡豆。店主老

1. 胸前有一小撮红毛的知更鸟
2. 满满的荣誉

```
 1
───
2 │ 3
```
1. 温馨的咖啡馆
2. 咖啡馆中的绿植
3. 国王十字车站里魔法的小蓝瓶

张在手冲咖啡界也是小名家,整个小店就像一只可爱软萌的知更鸟,温暖又朝气蓬勃。

知更咖啡的手冲情结很可贵,在速食咖啡与韩流咖啡遍布全城的当下,知更鸟朴实无华地出现,却脱颖而出。没有华丽的布景,也没有宽阔的店面,只有温馨如同初晴天空般的小窝,像祖父的杂货铺。

关于手冲咖啡的梦想

50元一份的手冲咖啡是首选,有很多种类的豆子可供选择,最好选择店里新鲜烘焙的豆子。吧台上的小黑板写着咖啡的名字,哥伦比亚有坚果香,巴拿马略有果酸,回甘

1 | 2　　1. 和手冲咖啡相遇
　　　　2. 手冲的幽香

一流。耶加雪菲有浓郁的茉莉花香，味蕾瞬间被花开醇厚的丝绸质感充满。曼特宁是咖啡中的绅士，深度烘焙后却有恣意霸道的口感。不同豆子的味道在不同的人心中，也有风格迥异的口感，形容豆子的味道，就像一场令人心驰神往的美妙旅行。

　　咖啡的名字也引人深思捉摸，诸如"像一场爱情""追随她的旅程""十一种孤独"都是咖啡的名字。"像一场爱情"大约是甜味的咖啡豆，有着花香和果香，回甘绵长。"追随她的旅程"也许口感跌宕，像是回忆起曾经为了一个姑娘背井离乡，那一丝细致入微的苦涩和甜蜜恰如其分。"十一种孤独"，不知店主的十一种孤独都是什么样，不过这款咖啡一定弥久悠长。城市的每一个人都怀揣不同的孤独，在知更咖啡短暂停留的一个下午，也许可以像雪在手心化开一样，让某一种孤独无声无息地消失吧。

　　在这个忙碌的都市中，很多疲于奔命的年轻人，也许有过"辞职吧！去开一家咖啡馆！"这个念头，但也仅仅是个念头。一夜过去，仍然还是挤着高峰期的地铁，加班到深夜。直到在亮着几盏路灯的顺城巷里，看到知更咖啡的玻璃窗映着自己疲惫的身影。玻璃窗里有着明晃晃的灯，温馨的光圈散开，各种小物件亲切可爱，香气四溢，马克杯上写着"Do what you like ，like what you do"。而那个曾经有过的念头，被艳羡的目光深深烙印到心里。

咖啡馆资讯

- 地　　址：西安市碑林区顺城南路西段太阳庙门东区B座202号铺（近朱雀门城墙橘色大门）
- 电　　话：029-87618962
- 人均消费：50元
- 特色推荐：手冲单品咖啡